Emil Deckert

Cuba

Emil Deckert

Cuba

ISBN/EAN: 9783744639866

Hergestellt in Europa, USA, Kanada, Australien, Japan

Cover: Foto ©Andreas Hilbeck / pixelio.de

Weitere Bücher finden Sie auf **www.hansebooks.com**

Cuba

von

Dr. E. Deckert

Mit 96 Abbildungen nach photographischen Aufnahmen und Kartenskizzen,
sowie einer farbigen Karte.

Bielefeld und Leipzig
Verlag von Velhagen & Klasing
1899

Inhalt.

		Seite
I.	Die kolonialgeschichtliche Entwickelung bis Mitte des XIX. Jahrhunderts	3
II.	Die cubanische Krisis in ihrem Zusammenhange mit dem cubanischen Volkskörper	12
III.	Die cubanische Krisis in ihrem Zusammenhange mit den äußeren Beziehungen der Insel	24
IV.	Das Baracoasche Gebirgsland	32
V.	Das Maestragebirgsland nebst der Cautoniederung	44
VI.	Das Hügelland von Camaguey	59
VII.	Das Las Villas-Bergland	69
VIII.	Habana und sein Isthmus	80
IX.	Das Hügel- und Flachland der Vuelta Arriba	93
X.	Das Stufenland der Vuelta Abajo	100
XI.	Die Insel Pinos	108
	Statistische Übersicht	116

Abb. 1. Typische rubanische Landschaft (Sumuri-Tal).

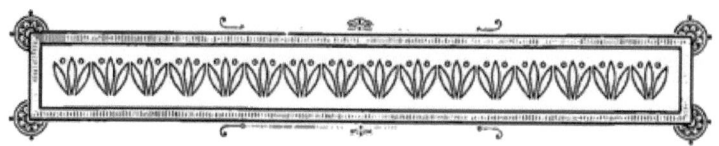

Cuba.

I.

Die schönste Insel, welche Menschenaugen geschaut haben — iola la mas hermosa que ojos hayan visto — nannte Christoph Kolumbus Cuba, als er, von den landschaftlich unbedeutenden Bahamas heransegelnd, das Nordostgestade der großen Antille in der Gegend des heutigen Puerto Nipe am 28. Oktober des Jahres 1492 zum erstenmale betrat, und bei seinem lebhaften Natursinne wird der berühmte Entdecker während des ferneren Verlaufes seiner ersten Amerikafahrt nicht müde, die Reize der Insel in seinem Tagebuche wieder und wieder im einzelnen zu preisen: die prächtigen Buchten und tiefen Ströme, die dem Schiffer Zugang und Schutz gewähren, die jäh aufstrebenden Küstenberge, die an die Berge Siciliens erinnern, die in frischem Grün prangenden weiten Ebenen, die stolzen Palmen, den Duft der Blüten und Gewürze, den Vogelgesang (den er für Nachtigallenschlag hielt), und das sanft geartete blaue Meer, welches das glücklich gefundene Wunderland umflutet — siempre mansa como el rio de Sevilla. Und eine ähnlich hohe Bewunderung wie ihrer Schönheit (Abb. 1 und 4) zollt er dem Reichtume und den wirtschaftlichen Hilfsquellen der cubanischen Landschaft.

Schwerlich wird auch ein neuerer Reisender, der Cuba besucht und näher kennen gelernt hat, es unternehmen wollen, die Lobpreisungen des Kolumbus in irgend einem wesentlichen Stücke Lügen zu strafen. Der von ihm gehegte Glaube, als ob Cuba Marco Polos vielberufenes Cipangu (Japan) oder ein Teil des asiatischen Festlandes sei, war allerdings gleich manchem anderen Glauben des Mittelalters ein irriger, im großen Ganzen bleibt aber die kolumbische Charakteristik davon bis auf den heutigen Tag zu Recht bestehen, und was an ihr zu ändern ist, bezieht sich in jedem Falle nur auf Einzelheiten. Das durch natürliche Wogenbrecher aus Korallenkalk gebändigte und für die Regel thatsächlich flußartig ruhige Meer rings um Cuba herum hat nicht selten Momente der furchtbarsten Aufregung, in denen es Hunderte von Fahrzeugen an den Küstenklippen zerschellt — was Kolumbus in der Folge durch eigene schlimme Erfahrung noch wohl genug beurteilen lernte —, und während der Goldreichtum der Insel sich bei genauerem Zusehen als ein sehr beschämter erwiesen hat, so finden sich Eisenerze, die Kolumbus gänzlich vermißte, auf ihr in großer Menge und von hoher Güte.

Anderweit in der von Kolumbus entschleierten Neuen Welt (Abb. 2 und 3), und vor allen Dingen auch auf der Nachbarinsel Haiti, die nicht ganz sechs Wochen später aufgefunden wurde, stießen die Spanier auf ausgiebigere Lagerstätten des edlen Metalles, während die Pracht und Zeugungskraft der tropischen Natur daselbst eine der cubanischen nahe verwandte war; und dies war der hauptsächlichste Grund, warum jene anderen Länder sich bald einer höheren Wertschätzung von ihrer Seite erfreuten, indes Cuba — oder wie Kolumbus es

Abb. 2. Das Grabmal des Kolumbus in der Kathedrale von Habana.

Hispaniola — Kleinspanien — nicht umsonst führte.

In einer Beziehung konnte Cuba freilich nicht verfehlen, seine kulturgeographische Bedeutung schon in den ersten Jahrzehnten der spanischen Herrschaft geltend zu machen: es diente sowohl den welthistorischen Unternehmungen eines Ferdinand von Cordova und Juan Grijalva (1518), sowie eines Ferdinand Cortez (1519) gegen Mexico und Mittelamerika, als auch denjenigen eines Ferdinand de Soto (1539) und eines Aviles de Menendez (1566) gegen Florida und das Mississippigebiet als Basis und Ausgangspunkt, und als ein Hauptschlüssel zu der Neuen Welt „Llave del Nuevo Mundo" — bewährte sich insbesondere die Position von Habana schon sehr frühe. Der von spanischen Ansiedlern betriebene Landbau beschränkte sich aber lange auf die Erzeugung der zu ihrem eigenen Lebensunterhalt nötigen Nährgewächse, und auch die Zucht der aus Europa eingeführten Nutztiere, die auf den tropischen Savannen ohne weiteres wohl gedieh, gestattete nur eine vergleichsweise unbeträchtliche Ausfuhr von Häuten und Fellen, sowie später von Honig und Wachs. Für die Erzeugnisse, durch welche die Insel nachmals so reich und berühmt geworden ist, gab es in den Zeiten, die unmittelbar auf ihre Entdeckung folgten, noch keinen genügenden Markt, und als die Nachfrage nach ihnen allgemach eine lebhaftere wurde, da hatten Haiti und Mexico betreffs ihres Anbaues und Absatzes vor Cuba lange Zeit einen weiten Vorsprung. Was insbesondere das cubanische Rauchkraut anbetrifft, so lernten die spanischen Ansiedler und Seefahrer den Genuß desselben allerdings von den Eingeborenen sehr rasch würdigen und von diesen wieder — entgegen allen Verboten, welche Könige, Kaiser und Sultane zur Bekämpfung der

ursprünglich nannte: Juana — auf Jahrhunderte hinaus einer verhältnismäßigen Nichtachtung und Vernachlässigung anheimfiel. Zwar wurde im Jahre 1508 Sebastian de Ocampo entsandt, die Insel zu umsegeln und näher zu erforschen, und zwar wurde 1511 durch den ehrgeizigen und rührigen Diego Velasquez die spanische Herrschaft in aller Form darauf errichtet, die an ihren Küsten begründeten Niederlassungen entwickelten sich aber nur langsam, und zur Füllung des spanischen Staatssäckels trug Cuba im Gegensatze zu Haiti sowie zu Mexico und Peru lange Zeit nur ein Geringes ein (an Geld 1515 bis 1531 260000 Pesos). Der Hauptsitz der spanischen Macht über Westindien befand sich demgemäß auch von vornherein nicht auf Cuba, sondern in Santo Domingo, auf Haiti, welch letzteres seinen Ehrennamen bedenklichen Neuerung erließen — die christlichen und mohammedanischen Völker der Alten Welt; der Anbau des Tabaks (Abb. 5) zu Handelszwecken begann aber auf Cuba erst gegen Ende des XVI. Jahrhunderts, und einen bedeutenderen Umfang gewann derselbe unter steten Kämpfen mit beengenden Monopolen und Regierungsmaßregeln sogar erst im Laufe des XVIII. Jahrhunderts. Die Kulturen des Zuckerrohres und des Kaffeebaumes aber, welche auf Haiti bereits in den ersten Jahrzehnten der Besiedelung in hohen Schwung kamen, wurden auf Cuba erst nach der Mitte des XVIII. Jahrhunderts nennenswert. Die cubanische Tabakausfuhr betrug um das Jahr 1700 kaum mehr als 1000 Centner jährlich, um das Jahr 1750 aber ungefähr 20000 Centner.

Daß die dem indianischen Arawakstamme zugehörige Urbevölkerung Cubas gerade so wie diejenige Haitis weder willig noch fähig war, den Spaniern bei ihrem Kultivationswerke die rücksichtslos geforderten Frondienste zu leisten, ist bekannt, und bei ihrer Niedermetzelung im Namen der europäischen Civilisation und des christlichen Glaubens ging es sicherlich blutig genug zu, immerhin war ihre Ausrottung aber im Zusammenhange mit den angegebenen Verhältnissen eine weniger rasche und gründliche als auf Haiti, und im allgemeinen kann man sich dabei eher an die Ausrottung der neuseeländischen Maori durch die Engländer — in den vierziger Jahren des XIX. Jahrhunderts — oder an die Seminolenkriege der Nordamerikaner — 1835 bis 1842 — erinnert fühlen. Einige dürftige Reste der unvermischten Urbevölkerung, deren Zahl die zeitgenössischen Berichterstatter des Kolumbus offenbar weit überschätzten, fristeten ja in den östlichen Gebirgsgegenden Cubas ihr Dasein bis auf unsere Tage, und in der cubanischen Landbevölkerung, den sogenannten Guajiros, ist ein durch seinen Gesichtsschnitt und sein straffes schwarzes Haar kenntliches halbindianisches Mischungselement über die ganze Insel verbreitet, wie denn auch einer der Hauptanführer in dem eben beendigten Kampfe gegen die Spanier — General Rabi — als Sproße einer alten indianischen Häuptlingsfamilie bezeichnet wird.

Die Einführung von Negersklaven begann auf Cuba neunzehn Jahre später als auf Haiti (1521), und bis gegen Ende des XVIII. Jahrhunderts fand dieselbe auch immer in einem viel geringeren Umfange statt als dort — ein Hauptgrund, warum Cuba nicht in dem gleichen Maße wie die Nachbarinsel von dem schwarzen Bevölkerungselemente überflutet worden ist. Die freiwillige weiße Einwanderung aus Spanien und von den Kanarischen Inseln war aber in den ersten Jahrhunderten nach der Entdeckung ebenfalls eine geringfügige, und nur als Jamaica an England verloren ging (1655), Tortuga nebst dem westlichen Teile von Haiti aber an Frankreich (1697), und als Spanien sich dadurch genötigt sah, seine kolonisatorische Kraft in Westindien mehr zu konzentrieren, da erhielt das weiße Element von jenen Nachbarinseln, sowie von dem Mutterlande her eine wesentlichere Verstärkung. Alles in allem gab es daher am Anfange des XVIII. Jahrhunderts erst

Abb. 3. Der Kolumbus-Gedächtnistempel in Habana.

ungefähr ein Dutzend Ortschaften auf der Insel, und die Gesamtzahl ihrer Bewohner ist für diese Zeit auf nicht mehr als 30 000 zu veranschlagen.

Was die Entwickelung der Niederlassungen auf Cuba im übrigen zurückhielt, waren einesteils die dem ganzen westindischen Erdraume eigentümlichen verheerenden Naturereignisse — Erdbeben, Orkane, Überschwemmungen und Sturmfluten —, anderenteils, und in einem viel hervorragenderen Maßstabe, vielfach wiederholte Einfälle von Piraten und Freibeutern — der bekannten Vorhut der Engländer und Franzosen bei ihren langjährigen Kämpfen mit den Spaniern um amerikanischen Kolonialbesitz. Dies war aber auf Haiti und Jamaica auch nicht anders, und gegenüber den Angriffen der Boucaniere ebenso wie der Engländer bewährte sich Cuba in jedem Falle als ein festerer Hort der spanischen Herrschaft als diese Inseln. Vor allen Dingen erwuchsen aus jenen Kämpfen eine Anzahl der stattlichen Bollwerke, die heute Habana umgeben: die die Hafenfront der Stadt beschützende alte Fuerza, welche schon De Soto anlegte (1538), der weithin drohende Morro (Abb. 6) und das demselben gegenüber gelegene Castello de la Punta, die den Eingang in die Bai bewachen, und die unter Philipp II. aufgeführt wurden (seit 1589), und die ausgedehnte, nur in Bruchstücken erhalten gebliebene Ringmauer der Stadt, deren Bau 1655 begonnen und 1738 beendigt wurde; ebenso aber auch der malerische Morro, am Eingange in die Bucht von Santiago, der in seiner ursprünglichen Gestalt aus dem Jahre 1643 und in seiner erneuerten Gestalt, nach der Zerstörung durch die Engländer (1661), aus dem Jahre 1663 stammt.

Der höhere wirtschaftliche und kulturelle Aufschwung Cubas und die allgemeine Würdigung der Insel als Perle und Königin der Antillen — Perla oder Reyna de las Antillas — reicht nicht weiter zurück, als in die zweite Hälfte des XVIII. Jahrhunderts, doch hieße es den Engländern wohl zu viel Ehre anthun, wenn man behauptet, den Anstoß dazu habe einzig und allein die Einnahme von Habana durch Lord Albemarle und seine Riesenflotte, sowie die nicht ganz einjährige Besetzung von Habana und Santiago durch britische Truppen (August 1762 bis März 1763) gegeben. Der zeitweilige Verlust der Insel mußte allerdings dazu beitragen, sie den spanischen Herzen teurer zu machen, für die Entwicklung ihrer Fähigkeiten und Reichtümer war es aber zweifellos bedeutsamer,

Abb. 1. Cubanische Stromuferlandschaft.

Abb. 5. Tabakfeld und Tabakernte.

daß in der zweiten Hälfte des XVIII. und bei dem Beginn des XIX. Jahrhunderts eine Veränderung der gesamten Weltlage Platz griff. In erster Linie machte das Zeitalter der Aufklärung unter Karl III. auch in Spanien seine Wirkung in kräftiger Weise geltend, und außer der Beschränkung der Inquisition und der Vertreibung der Jesuiten führte dasselbe sowohl in dem Mutterlande als auch in den Kolonien mancherlei durchgreifende Reformen hinsichtlich des Wirtschaftslebens herbei. Sodann befreite sich in den Jahren 1773 bis 1783 die Nordamerikanische Union von der englischen Bevormundung und dem englischen Joche, und es öffnete sich dadurch den Erzeugnissen Cubas in unmittelbarer Nachbarschaft ein weites und lohnendes Absatzgebiet. Unter diesen Erzeugnissen hatte der Tabak um die Mitte des XVIII. Jahrhunderts den Ruf unübertrefflicher Güte, den er bis auf den heutigen Tag genießt, fest begründet, während sich für die Kultur des Zuckerrohres und namentlich für die seit 1795 eingeführten neuen Varietäten desselben (das Otaheitirohr), weitere und weitere Roterdestrecken vorzüglich geeignet erwiesen, und auch der Kaffeebaum, der erst 1748 von Haiti nach Cuba verpflanzt wurde, fand in dem Hügellande südlich von Habana, sowie an den Gehängen der Sierra de los Organos, der Sierra de Trinidad und der Sierra Maestra Anbaustätten, die ihm wohl zusagten. Die Abtretung Floridas an England ferner (1763) hatte eine weitere Verstärkung des Einwandererzuflusses, sowie einen bedeutenden Aufschwung der Bienenzucht zur Folge, und in einem noch größeren Maßstabe bewirkte eine Verstärkung kapitalkräftiger und erfahrener Kolonisten, sowie ein höheres Aufblühen sämtlicher Zweige der Pflanzungskultur die Negerrevolution Toussaint l'Ouvertures und die damit Hand in Hand gehende Vertreibung und Ausrottung der Weißen auf Haiti (seit 1791). Endlich aber wurde Cuba in den ersten Jahrzehnten des XIX. Jahrhunderts durch den Abfall von Süd- und Mittelamerika und Mexico die überseeische Hauptbesitzung Spaniens, und die kolonisatorischen Fähigkeiten und Bestrebungen hatten sich ihm daher in einem höheren Grade zuzuwenden als irgend einem anderen Lande. Der militärische Hauptstützpunkt der Spanier in der Neuen Welt war Habana schon seit lange gewesen, und nach seiner Zurückerlangung aus der Hand der Engländer waren sie eifrig darauf bedacht, einem neuen Verluste desselben durch eine weitere Verstärkung seiner Bollwerke vorzubeugen. So entstand das Castillo del Principe auf dem die Stadt im Westen überragenden Hügel, das Altaresfort im Hintergrunde der Bai und die gewaltige Cabañafestung mit dem Fort San Diego an dem Baiausgange und der Stadt gegenüber (Abb. 7).

Freier Handel und Verkehr mit dem Mutterlande und seinen Kolonien wurde Cuba 1778 zugestanden, freier Handel und Verkehr mit aller Welt aber erst 1817, nachdem es sich in der Zeit der Napoleonischen Kämpfe ebenso, wie in der Zeit der süd- und mittelamerikanischen Befreiungskämpfe als das der spanischen Krone allezeit getreue -- „siempre fidelissima" -- bewährt hatte und bereits in das Stadium seiner höchsten Blüte eingetreten war.

Um das Jahr 1775 war Haiti in seiner Entwickelung Cuba noch ein gutes Stück voraus — mit einer doppelt so großen Bevölkerungszahl, mit einer fünffach so bedeutenden Zuckerproduktion, mit einem zwanzig- oder dreißigfach ansehnlicheren Bestande an Kaffee und Kakaobäumen, und mit einer ungleich gewaltigeren Ausdehnung seiner Indigo- und Baumwollenfelder. Die weiße Bevölkerung war aber damals auf Cuba schon reichlich dreimal so zahlreich als auf Haiti, Habana nennen die Länderbeschreiber jener Zeit (A. F. Büsching) bereits „die wichtigste Stadt, welche die Spanier in Amerika besitzen", und während auf Haiti die gesamte materielle und geistige Kultur durch die politische Katastrophe der neunziger Jahre des XVIII. Jahrhunderts in den furchtbarsten Niedergang geriet, ja gutenteils vollständig vernichtet wurde, so machte sie auf Cuba von da ab Riesenfortschritte.

In den Jahren 1792—1817 erfolgte eine Verdoppelung der cubanischen Volkszahl von 272000 auf 553000 und in den Jahren 1818—1845 eine weitere Verdoppelung derselben auf 1112000, so daß der Aufschwung in dieser Beziehung als ein höherer und rascherer erscheint, als in den hervorragendsten Staaten der Nordamerikanischen Union, mit alleiniger Ausnahme von New York. Und im Einklange damit erschienen auch die wirtschaftlichen Leistungen der Kolonie mehr und mehr in einem sehr glänzenden Lichte. Die Tabakausfuhr stieg in dem Zeitraume von 1789—1830 von 56000 Centnern auf 360000 Centner und 94 Millionen Stück Cigarren (abgesehen von dem in diesem Artikel jederzeit stark betriebenen Schmuggelhandel), die Zuckerausfuhr wuchs von 1761 bis 1853 von 20000 auf 6,6 Millionen Centner, und die Kaffeeausfuhr war in den zwanziger und dreißiger Jahren des laufenden Jahrhunderts bedeutender als die von Java (1830—1835 500000 Centner jährlich). Die Häfen der Insel, und vor allem derjenige von Habana, belebten sich mit Tausenden von Fahrzeugen, die meisten älteren Städte gediehen zu ansehnlicher Größe und Schönheit (Abb. 8, 9 u. 10), und zugleich gesellten sich ihnen zahlreiche neue zu, und inmitten der sich weiter und weiter ausdehnenden, mit den genannten Stapelerzeugnissen bebauten Kulturgefilde erstanden allerwärts mächtige Wirtschafts- und Fabrikgebäude (Abb. 11 u. 12) sowie freundliche Herrenhäuser und Quintas. Die natürlichen Savannen nebst den

Abb. 6. Seeseitige Ansicht des Morro von Habana.

Abb. 7. Die Tabaksiedlung nächst der Bucht von Habana.

Abb. 8. Die Indianerinbildsäule im Prado von Habana.

durch das eingeführte Guinea- und Paragras (Panicum maximum und Panicum molle) verbesserten Kunstweiden nährten um das Jahr 1850 nahe an eine Million Rinder, und die Mahagoni- und Cedrelenschlägereien sowie die Kupfergruben der Provinz Santiago gewährten gleichfalls eine namhafte Ausbeute. Nicht so bald war in Europa und Nordamerika das Zeitalter der Eisenbahnen hereingebrochen, so machte sich Cuba auch diese bedeutsame Neuerung zu nutze, und die Linie Habana—Guines war bereits 1838 im Betriebe, während der Ausbau des heute auf der Insel vorhandenen Schienenstraßennetzes in der Hauptsache bis Anfang der sechziger Jahre bewirkt wurde. Der erste Seedampfer aus Nordamerika war aber schon im Jahre 1818 in der Bucht von Habana erschienen.

Furchtbare Naturereignisse, wie die mit großen Sturmfluten einhergehenden Orkane von 1768, 1791, 1810, 1814 und 1816, die starken Erdbeben von 1755, 1766, 1826 und 1852 und die anhaltende Dürre von 1844 traten auch in dieser Zeit auf, sie vermochten aber die wirtschaftliche Blüte ebensowenig dauernd zu beeinträchtigen wie die den Küstenplätzen eigentümlichen Gelbfieberepidemien, und alles in allem gab es um die Mitte des XIX. Jahrhunderts schwerlich ein Kolonialland in der Welt, das in einem so hohen Grade wie Cuba ein Bild rühriger Thätigkeit, allgemeinen Wohlstandes und verfeinerten Lebensgenusses geboten hätte.

Die Zahl der Zuckerrohrpflanzungen belief sich im Jahre 1850 auf 1442, die Zahl der Kaffeegärten (Cafetales) auf 1618 und die Zahl der Tabakfelder (Vegas) auf 9102, dabei waren aber um jene Zeit in der Westhälfte der Insel (westlich von dem Isthmus von Moron) erst ungefähr acht Prozent und in der Osthälfte sogar nur etwas über drei Prozent von der Gesamtfläche wirkliches Kulturland, und der Weiterentwickelung des Wirtschaftslebens schienen auf diese Weise allerwärts noch ungemessene Räume offen zu stehen.

Anerkennenswert waren in der Zeit des geschilderten wirtschaftlichen Aufschwunges auch die Fortschritte, welche die wissenschaftliche Durchforschung und Kenntnis von der Insel machte. Die Aufnahmen, welche das spanische hydrographische Amt damals an den Küsten von Cuba vornahm, durften mit gutem Grunde als mustergültige gerühmt werden, und im Verein mit den im Inneren bewirkten astronomischen Ortsbestimmungen führten dieselben im Jahre 1835 zu der Veröffentlichung einer grundlegenden topographischen Übersichtskarte von der Insel.

Vor allen Dingen aber bewährte sich an der Eingangsschwelle unseres Jahrhunderts Alexander von Humboldt auch betreffs Cuba als eine Art zweiter Kolumbus, indem er an der Hand seiner 1801 und 1804 bei Habana, Guines, Batabano und Trinidad angestellten eigenen Beobachtungen seine an der Hand der besten anderweit vorliegenden Materialien in seinem Essai politique sur l'île de Cuba (Paris 1821—1824) ein erstes kritisches und umfassendes wirtschafts- und kulturgeographisches Gemälde von der Insel entwarf.*)

*) In Humboldts Fußstapfen gingen dann andere einher: ein Ramon de la Sagra mit seiner ausführlichen Historia física, política y

II.

Man darf behaupten, daß die hohe wirtschaftliche Blüte Cubas bis in die siebziger Jahre des XIX. Jahrhunderts hinein angedauert habe, und wenn gewisse statistische Ausweise für die Beurteilung dieser Blüte maßgebend wären, so könnte man sogar geneigt sein zu glauben, daß es auch in den achtziger und neunziger Jahren noch sehr glänzend damit bestellt gewesen sei. Die Zuckerproduktion der Insel erreichte ja im Jahre 1894 die vordem niemals dagewesene Höhe von 1030000 Tonnen, so daß sie ein volles Drittel von der Rohrzuckerproduktion der ganzen Welt ausmachte, und daß Java, Mauritius u. s. w. darin weit hinter Cuba zurückstanden. Die

natural (Madrid 1849), ein Felipe Poey mit seiner Historia natural (Madrid 1851), ein Estéban Pichardo mit seiner Geografía (Habana 1854), ein José Maria de la Torre mit seinem Elementos de Geografía (Habana 1856), ein José de Pezuela mit seinem Diccionario geográfico (Madrid 1863) — nicht zu vergessen der mühevollen kartographischen Leistungen eines Estéban Pichardo (21 Blätter) und Francisco Coëllo. Eine von der spanischen Kolonialregierung geplante geologische Landesaufnahme (1844) scheiterte freilich an den unzureichenden Mitteln.

Abb. 9. Vorstädtisches Matanzas-Quintas.

Abb. 10. Die Königspalmenallee des Botanischen Gartens zu Habana.

Tabakernte betrug bis 1895 im Jahresdurchschnitte gegen 600 000 Centner, und etwa 450 000 davon wurde in Gestalt von Blättern, der größere Teil des Restes aber in Gestalt von Cigarren (1889 250 Millionen) und Cigaretten (1893 117 Millionen Pakete) in das Ausland verführt. Die Einwohnerzahl der Insel war im Jahre 1890 auf 1 660 198 gestiegen, die Zahl ihrer Zuckerfabriken (Ingenios) auf 1119, die Zahl ihrer Tabakpflanzungen (Vegas) auf 8185, die Zahl ihrer Viehzuchtgehöfte (Potreros) auf 1214, die Zahl ihrer Rinder auf 2,5 Millionen, die Zahl ihrer Pferde, Maultiere und Esel auf 965 000 und der Wert ihrer sämtlichen Landgüter auf 1260 Millionen Mark. In seinem Ausfuhrhandel aber überragte Cuba (1892 384 Millionen Mark) sowohl Algerien und Ägypten als auch das Kaisertum Japan, und in dem

Abb. 11. Ein Ingenio.

Hafen von Habana allein verkehrten 1890 2179 Schiffe (mit 2,6 Millionen Tonnen).

Ungeachtet dieser Ziffern, die von der Bedeutung und dem Werte der „Perle der Antillen" kein weniger glänzendes Zeugnis ablegen als das Tagebuch des Kolumbus, wurde die Lage in Cuba aber in wirtschaftlicher ebenso wie in politischer und allgemein kultureller Beziehung während der letzten Jahrzehnte allgemach eine überaus üble, und man durfte sich seit geraumer Zeit mit Fug und Recht fragen, ob sie wohl in irgend einem Lande der Erde eine traurigere sein könne. In Irland war sie höchstens eine ähnlich traurige.

Der Ursachen, die diese Wendung zum Schlechteren herbeigeführt haben und die es zugleich auch bewirkt haben, daß die Herrschaft über die Insel vor unseren Augen den Händen der Spanier entglitten ist, dieser Ursachen gab es mancherlei, und mit dem bloßen Hinweise auf das spanische Mißregiment sind dieselben in jedem Falle nicht erschöpft.

Die berührte starke Bevölkerungszunahme in dem letzten Viertel des vergangenen und in der ersten Hälfte des gegenwärtigen Jahrhunderts war, da es sich bei Cuba selbstverständlich immer in erster Linie um eine tropische Pflanzungskolonie handelte, in ganz hervorragender Weise durch die in jener Zeit sehr schwunghaft betriebene Negersklaveneinfuhr aus Afrika bedingt, und mehr und mehr gewann dabei das schwarze Element in dem cubanischen Volkskörper das entschiedene Übergewicht. So waren im Jahre 1774 nicht ganz 44 Prozent von der Bevölkerung Neger und Mulatten, im Jahre 1811 aber mehr als 62 Prozent, und erst als die Sklaveneinfuhr aufhörte — die Schmuggeleinfuhr nicht früher als in den fünfziger Jahren —, da trat in diesem Verhältnisse wieder ein Umschwung zu Gunsten des weißen Elementes ein dergestalt, daß das letztere bei der Volkszählung 1887 62 Prozent, das Element der Neger und Mulatten aber nur 35 Prozent von der Gesamtbevölkerung ausmachte.

Von einer so hochgradigen Verschwärzung und Afrikanisierung wie auf Haiti oder Jamaica war also auf Cuba zu keiner Zeit die Rede, immerhin schritt der Prozeß aber vorübergehend ebensoweit fort wie in den nordamerikanischen Südstaaten Südkarolina, Georgia, Alabama, Mississippi und Louisiana, und gewisse schlimme Mißstände konnten auch hierbei nicht ausbleiben. Die Behandlung der Schwarzen durch die Weißen war unter der heißen Sonne Cubas im allgemeinen eine viel mildere und menschenwürdigere oder doch eine viel lässigere und weniger straffe als in Nordamerika, und im Zusammenhange damit war die Zahl der Freigelassenen früh eine verhältnismäßig große (1841: 114000 und 1867: 249000), sowie auch die sociale Scheidewand zwischen den beiden Elementen nirgends eine sehr strenge und schroffe und vielfache Vermischungen und Übergänge zwischen ihnen Platz griffen. Dabei wurde die farbige Rasse natürlich nicht zu einem unterwürfigen Sinne gegenüber der weißen erzogen, sondern viel eher zu Unabhängigkeitsgefühl und zu hochfahrendem und unbändigem Wesen. Zugleich gab es auch jederzeit eine beträchtliche Zahl Entlaufener — sogenannter Cimarronneger, weil die hellfarbigen Mulatten unter ihnen die Hauptrolle spielten —, und diese scharten sich in den schwer zugänglichen Gebirgs- und Sumpfwildnissen allerwärts, namentlich aber in dem östlichen Teile der Insel, zu mehr oder minder starken Banden zusammen, teils nach afrikanischer Art ein harmloses und bedürfnisloses Naturmenschenleben fristend, teils aber auch Weg und Steg bedrohend, einsame Pflanzergehöfte überfallend, raubend, mordend und brennend, und eine allgemeine Unsicherheit des Lebens und Eigentums schaffend. Wiederholt, vor allem in den Jahren 1812, 1829 und 1844, wurden in dieser freien Negerbevölkerung Cubas auch ähnliche politische Gelüste und Bestrebungen wach, wie seiner Zeit auf Haiti, und mindestens ein Aponte ging mit seinem Aufstande (1812) zweifellos darauf aus, nach dem Vorbilde von Toussaint l'Ouverture und Dessalines eine Mulattenrepublik oder ein Mulattenkaisertum in Ostcuba zu errichten.

Ein arbeitslustiges und aus eigenem Antriebe wirtschaftlich rühriges oder geistig vorwärts strebendes Bevölkerungselement ist das farbige auf Cuba so wenig gewesen wie anderwärt, und ein schweres Hemmnis der allgemeinen Kulturentwickelung der Insel hat darin immer gelegen, ganz ähnlich wie in den nordamerikanischen Südstaaten. Daß das Wirtschaftsleben Cubas ein so überaus einseitiges geblieben ist und sich heute im wesentlichen nur auf zwei Staatserzeugnisse erstreckt, ist vor allen Dingen hieraus zu begreifen. Der Rohrzuckerbau würde trotz der hohen Gunst des Klimas und der Bodenart schwerlich zu dem an gegebenen großartigen Umfange gediehen sein, wenn die Pflanzer in den Zeiten, wo sie sich zu der schrittweisen Freigebung ihrer Sklaven verstehen mußten, nicht darauf bedacht gewesen wären, die schwarzen Arbeiter gutenteils durch eingeführte chinesische Kulis und durch gemietete weiße Arbeiter sowie durch Maschinen zu ersetzen; und die Tabakkultur erhielt sich auf der alten Höhe lediglich dadurch, daß sie jeder-

Abb. 12. Fabrikgebäude eines Ingenio.

zeit ganz vorwiegend in den Händen von weißen und halbindianischen Kleinbauern (Guajiros) gewesen ist. Zucker- und Tabak- distrikte sind auf Cuba im allgemeinen keine Negerdistrikte. Die bis zum Jahre 1840 auf das höchste blühende, von der Negerarbeit aber schwer unabhängig zu haltende Kaffeekultur geriet in argen Verfall und vermochte in den letzten Jahrzehnten nicht mehr den Eigenbedarf der Inselbevölkerung zu decken, und der Kakaobau, der Baumwollenbau, der Indigobau sowie zahlreiche andere tropische Landwirtschaftszweige, die durch die Naturverhältnisse recht wohl möglich wären, gelangten über ein schwaches Anfangsstadium ihrer Entwickelung niemals hinaus. Desgleichen hielt sich auch der bereits bei der indianischen Urbevölkerung betriebene Maisbau ebenso wie der Reisbau und der Anbau anderer Nährfrüchte hauptsächlich der schwer entbehrlichen Negerarbeit halber in sehr bescheidenem, für die Versorgung der Bevölkerung unzureichendem Umfange, obgleich Mais, Reis, Bataten, Kartoffeln und dergleichen auf Cuba alljährlich zwei bis drei Ernten von demselben Boden gewähren.

Daß Neger und Mulatten auf Cuba bei der ihnen eigenen Arbeitsscheu nur ausnahmsweise zu wirklichem Wohlstande kamen, und daß sie nach ihrer, mit gutem Grunde von der spanischen Regierung nur zögernd und schrittweise vollzogenen Befreiung ein besitzloses städtisches und ländliches Proletariat (Abb. 13) darstellen, kann hiernach nicht befremden. Ebenso ist es aber auch nicht zu verwundern, daß die farbige Bevölkerung allezeit ein ganz besonders williges und eifriges Instrument jeder auf Unordnung und auf Umsturz der bestehenden Verhältnisse abzielenden Bewegung gewesen ist, und daß sie auch in den Revolutionskriegen der Jahre 1868 bis 1878 und 1895—1898 sowohl, eine verhältnismäßig große Zahl der Anführer — einen Antonio und José Maceo, einen Quintin Bandera, einen Clotilde Garcia, einen Villanueva, einen Castillo — als auch die entschiedene Mehrzahl der wirklichen Kämpfer und des Trosses in dem Insurgentenheere gestellt hat. Der große und erfolgreiche Brenn- und Sengzug durch die Zuckerrohr- und Tabakfelder, den die Insurgenten im Winter 1895 zu 1896 in der ganzen gewaltigen Längserstreckung der Insel ausführten — von der äußersten Ostspitze (Kap Maisi) bis zur Westspitze (Kap San Antonio) ist es weiter als von der deutsch-russischen bis zu der deutsch-französischen Grenze (gegen 1200 Kilometer) —, kommt beinahe ausschließlich auf die Rechnung der Mulatten und Neger.

Die weiße Bevölkerung Cubas entströmte im bemerkenswerten Gegensatze zu derjenigen der Nordamerikanischen Union in dem gegenwärtigen Jahrhunderte ebenso wie in allen vorausgegangenen in der Hauptsache einem einzigen europäischen Lande — Spanien —, und soweit sich der Stammesgegensatz zwischen Castiliern, Catalanen, Basken, Andalusiern u. s. w. von dem spanischen Boden auf den Boden der großen Antilleninsel verpflanzte, so schwand er daselbst immer sehr rasch. Es läßt sich demnach kaum eine vollkommenere Einheitlichkeit in Sprache, Sitte und Lebensart, sowie

Abb. 13. Cubanische Negerin.

Volksleben. 17

Abb. 14. Ein Stiergefecht.

zugleich im Religionsbekenntnisse denken, als er unter den cubanischen Weißen herrscht, und ebensowenig auch eine vollkommenere ethnologische Übereinstimmung zwischen der Kolonie und ihrem Mutterlande. Man rühmt den Cubanern nach, daß sie fast durchgängig ein sehr reines Castilisch sprechen. Ebenso erfreuen sie sich an dem grausamen Spiele des Stiergefechtes mit seinen buntgekleideten Toreros und Toreras, Banderilleros und Banderilleras (Abb. 14 und 15), sowie an dem des Hahnenkampfes mit den damit verbundenen Wetten, an den Glücksspielen des Monte und der Lotterie, an der Musik der Guitarre, an den Volkstänzen des Fandango und Zapateado (Abb. 16), und vielfach entfalten sie bei alledem eine noch größere Leidenschaftlichkeit, als ihre daheim gebliebenen Stammesbrüder, so daß man behaupten könnte, der heißblütige spanische Nationalcharakter habe sich in ihnen nur noch weiter gesteigert. Die Männer tragen breitrandige Sombreros wie in Spanien und die Frauen schwarze Spitzenmantillas (Abb. 17). Die Häuser von Habana und Santiago sind von derselben massigen und festungsartigen Bauart wie die von Toledo und Sevilla, und besseren darunter fehlt nie der blumen- und palmengeschmückte innere Hof (Patio) sowie die Söllerausstattung der oberen Stockwerke, nur sind ihre Fenster weiter und statt mit Glasscheiben mit schwerem Eisengitterwerk verschlossen (Abb. 18, 19 und 20), weil der Luftbedarf darin in dem Tropenklima naturgemäß ein viel größerer ist. Die Getränke kühlt man in den wohlbekannten spanischen Alcarrazas (porösen Thonkrügen), während sich im übrigen in den Trinkgefäßen zum Teil der auch nach dem Mutterlande hinüberwirkende indianische Einfluß geltend macht (Abb. 21). Die Herrschaft über die Geister endlich führen in Cuba wie in Spanien Priester und geistliche Orden, und nur unter den Männern herrscht hier wie dort eine gewisse Neigung zu Gleichgültigkeit in religiösen Dingen oder zu ausgesprochenem Freidenkertume.

Wie bei solcher Übereinstimmung und Einheitlichkeit eine tiefe Kluft mitten durch die weiße Bevölkerung Cubas hindurchgehen kann, mag auf den ersten Blick unbegreiflich erscheinen. Die Thatsache läßt sich aber nicht leugnen und auch die andere Thatsache nicht, daß die Kluft sich

Deckert, Cuba. 2

Abb. 16. Stierfechter (Banderillero).

niemals hat überbrücken lassen und daß sie noch erheblich mehr als die geschilderte Eigenart der farbigen Rasse dazu beigetragen hat, die materielle und geistige Kulturentwickelung Cubas zum Stillstand und die spanische Herrschaft über die Insel zum Zusammenbruche zu bringen. Auch in anderen Kolonialländern, und nicht zum mindesten auch in der Nordamerikanischen Union – die in beträchtlichem Umfange bis auf den heutigen Tag ein Kolonialland geblieben ist –, bildet sich verhältnismäßig rasch ein Gegensatz zwischen den älteren und neueren Ankömmlingen, bezugsweise zwischen den im Lande Geborenen und den Einwanderern, und die letzteren werden von den ersteren vielfach als „Grüne" oder „Gringos" mit mißgünstigen Augen betrachtet, weil sie den wirtschaftlichen „Kampf ums Dasein" zu einem härteren und schwierigeren machen. In Cuba, wo sich dieser Gegensatz bereits in den Zeiten der Velasquez und Cortez deutlich genug bemerkbar machte, ist er durch verschiedene Umstände aber zu viel größerer Schärfe und Schroffheit gediehen, als anderweit.

Das cubanische Klima weicht zwar in dem größeren Teile der Insel (im ganzen Westen und Norden) nicht unwesentlich von dem Typus des normalen Tropenklimas ab, insofern als die von Nordamerika hereinbrechenden Nordwestwinde („Nortes") öfters eine starke Abkühlung mit sich bringen — in den höher gelegenen Teilen des westlichen Binnenlandes gelegentlich bis zur Rauhfrostbildung —, und eben dadurch hat es die Akklimatisation der weißen Kulturmenschen in einem höheren Maße begünstigt, als irgendwo sonst zwischen den Wendekreisen. Immerhin wirkt das Klima außerordentlich erschlaffend auf die Nerven sowie auf den ganzen Organismus. Das kann jeder, der Cuba besucht, an sich selbst wohl genug erfahren, auch wenn er sich nur kurze Zeit daselbst aufhält. Ist doch die Durchschnittstemperatur des Januar (22,2° C) in Habana immer noch 3,2° wärmer als die Temperatur des Juli in Berlin, die Durchschnittstemperatur des Juli (28°) aber wenigstens noch 0,2° wärmer als in New Orleans, und geht doch mit den hohen Hitzegraden an den meisten Tagen des Jahres, vor allen Dingen aber in der Regenzeit (Mai bis November), eine große relative Luftfeuchtigkeit und eine starke elektrische Spannung Hand in Hand.

Die in dem Lande geborenen Kaukasier — die Kreolen oder die „Cubanos" schlechthin — erscheinen unter der Herrschaft dieses Klimas im großen Ganzen als ein schwächlicher Menschenschlag, dem Thatkraft, Arbeitslust, Unternehmungsgeist und offener Mut in einem hohen Grade abgeht, während ihm nicht ohne Grund Arglist und Heimtücke, sowie Hang zu privater und politischer Ränkespinnerei nachgesagt wird. Am ehesten noch dürfte man vielleicht hinsichtlich der Frauen behaupten, daß durch die veränderten geographischen Verhältnisse eine Veredelung des spanischen Typus herbeigeführt worden sei. Von ihnen werden aber auch andere Eigenschaften erwartet als von den Männern, und in dem Schatten der Häuser und Söller vermögen sich dieselben den klimatischen Einflüssen wenigstens teilweise besser zu entziehen als jene. Und Trägheit sowie Mangel an geistigem Bildungstrieb macht man den mit sanften Glutaugen, vollen Körperformen und üppigem Haarwuchs ausgestatteten Kreolinnen ebenfalls zum Vorwurfe. Übrigens giebt es natürlich unter den Männern ebenso wie unter den Frauen glänzende Ausnahmen von der allgemeinen Regel, in den meisten Fällen handelt es sich dabei aber um Persönlichkeiten, die in der glücklichen Lage waren, zeitweise unter einem außertropischen Himmelsstriche in Spanien oder in Nordamerika — zu leben und daselbst ihre Spannkraft mehr oder minder vollständig zurückzugewinnen.

Die neuen Ankömmlinge aus Spanien, die in den letzten Jahrzehnten namentlich aus den Baskenprovinzen, aus Asturien, aus Galicien und aus Catalonien in beträchtlicher Zahl ins Land kamen, zeichnen sich, wie es bei den Auswanderern über See ziemlich allgemein der Fall zu sein pflegt, sowohl durch robuste Körperkraft als auch durch Willensstärke aus, und zugleich sind sie außerordentlich erwerbslustig und betriebsam, während sie betreffs ihrer geistigen Bildung und betreffs ihrer ethischen Grundsätze in vielen Fällen keineswegs auf einer sehr hohen Stufe stehen. Dem Klima zahlen sie ihren Tribut in den ersten Jahren ihrer cubanischen Existenz vornehmlich damit, daß sie von den bekannten Akklimatisationskrankheiten des Gelb- und Malariafiebers betroffen und zum Teil dahingerafft werden; soweit sie dieselben überstehen, bewähren sie sich aber in dem Wirtschaftsleben als ein sehr rüstiges und tüchtiges, zugleich aber auch den

Abb. 16. Zapateado.

Creolen gegenüber als ein sehr aggressives und rücksichtsloses Bevölkerungselement. Allmählich schwindet wohl der Vorrat von Energie, den sie mitgebracht haben, auch bei ihnen, erst die Kinder aber werden in jeder Beziehung den Creolen gleich, wie sich dieselben — meist unter dem Einflusse ihrer cubanischen Mütter sowie unter dem Einflusse der Bildungsarmut ihrer spanischen Väter — auch alsbald als solche fühlen.

Neben der einfachen geographischen Differenzierung, die in solcher Weise zwischen den Spaniern und den Creolen den „Peninsulares" und den „Cubanos" — eintritt, geht aber noch eine volkswirtschaftliche Differenzierung einher. In dieser Beziehung befinden sich die Creolen im Zusammenhange mit ihrem Volkscharakter größtenteils in keiner günstigen Lebenslage, und die Mehrzahl von ihnen stellt ein ähnliches Proletariat dar wie die große Masse der Farbigen, mit der es in beständiger Verschmelzung begriffen ist nichts sein eigen nennend als eine Machete (ein Haumesser zum Zuckerrohrschneiden und Dickichtlichten) und eine Hängematte, und je nach der gebotenen Arbeitsgelegenheit oder nach sonstigen Lockungen bald hier, bald da, aus der Hand in den Mund lebend, nicht gerade selten auch von denselben Desperado- und Banditenneigungen beseelt, wie ein Teil der Farbigen. Die Besitzer von großen Pflanzungen unter ihnen sowie auch die Besitzer von kleineren Landgütern irgend welcher Art sind aber vielfach tief in Schulden und sehen ihre Liegenheiten infolgedessen oft genug in die Hände neuer Ankömmlinge, seien dies Spanier oder seien es Amerikaner, Engländer, Deutsche u. s. w., übergehen. Die eingewanderten Spanier dagegen gelangen, auch wenn sie ohne eine Peseta (80 Pfennige Rennwert) in Habana angekommen sind, für die Regel rasch zu einem kleineren oder größeren Vermögen, und unlautere Mittel haben sie dabei durchaus nicht unbedingt nötig, wenn sie auch nicht völlig ausgeschlossen sein mögen. Da der bessere Landbesitz in Cuba seit lange in fester Hand war — dank vor allem den großen Schenkungen (mercedes) der spanischen Krone an ihre Günstlinge —, so wandten sich die neuen Einwanderer übrigens immer beinahe ausschließlich in die Städte, und es vollzog oder erhielt sich in dieser Weise noch eine weitere Sonderung zwischen ihnen und den Creolen, sowie zugleich auch eine weitere Vereinheitlichung der beiden Elemente innerhalb ihrer selbst. In den Städten, und namentlich in Habana, hatten die Spanier die Oberhand, das Land mit seinen Estancias (Farmhäusern), Bohios (Palmstrohhütten) und seinen Potreros (Viehzuchtgehöften) war aber rein creolisch (Abb. 22 und 23) — ein Umstand, in dem jederzeit die größte Stärke der Insurrektionsbewegungen gelegen hat.

Daß sich Creolen und Spanier auf Cuba seit geraumer Zeit wie zwei feindliche Lager gegenüber gestanden haben und gegeneinander von bitterem Hasse erfüllt gewesen sind, und daß sich der Spruch „Blut ist dicker als Wasser" an ihnen schlecht genug bewährt hat, darf nach diesen Ausführungen nicht wunder nehmen, und die Einheitlichkeit und Geschlossenheit der beiden Elemente in sich mußte eher dazu beitragen, die Schroffheit des Gegensatzes zu steigern, als sie zu mildern. Mindestens wurde es der spanischen Regierung dadurch schwer gemacht, den Creolen gegen-

Abb. 17. Cubanisches Mädchen im Patio.

über den alten Herr=
schergrundsatz des
„Divide et impera"
in Anwendung zu
bringen, und zweifel=
los würden sich Na=
tivisten und Einwan=
derer in der Nord=
amerikanischen Union
auch in viel bedenk=
licherer Weise gegen=
über stehen, wenn sie
statt aus einer bunten
Vielheit von Natio=
nalitäten aus einer
einzigen beständen.
Die Gefährlich=
keit des Zwiespaltes
wurde aber auf Cuba
noch sehr bedeutend

Abb. 18. Typisches spanisches Haus.

erhöht dadurch, daß die spanische Regierung
sich bei ihrer Politik immer rückhaltslos auf
den Einwanderernachschub aus dem Mutter=
lande gestützt und die höheren Verwaltungs=
ämter vorwiegend mit Spaniern von Ge=
burt besetzt hat. Dabei mußte den Creolen
wohl oder übel viel schweres Unrecht ge=
schehen, auch wenn die Beamten jederzeit
wirklich fähige und moralisch fleckenlose
Männer gewesen wären, was nicht be=
hauptet werden kann. Das ganze Hispa=
niertum aber mußte den Creolen als eine
wohlorganisierte Macht erscheinen, die in
erster Linie darauf ausging, sie zu be=
drücken, und das schöne Land, das sie
kraft ihrer Geburt als das ihrige ansahen,
in jeder Weise auszusaugen. Naturgemäß
strebten sie also gleichfalls danach, sich zu
organisieren, und in den Geheimbünden
der „Soles de Bolivar" (1823) und der
„Aguila Negra" (1829) zielte dieses Streben
bereits auf die Beseitigung der spanischen
Herrschaft ab, während es in der von
Narciso Lopez geleiteten Erhebung von
1848—1851 für diese Herrschaft zum ersten=
male wirklich bedrohlich wurde. Die spa=
nische Regierung hat demgegenüber ihr Heil
darin gesucht, daß sie den Generalstatthalter
von Cuba mit diktatorischer Gewalt be=
kleidete, daß sie das Versammlungs= und
Vereinsrecht, sowie das Recht der Presse
in enge Schranken hielt, daß sie eine
starke militärische Besatzung auf die Insel
warf (in Friedenszeiten bis 30 000 und

in Kriegszeiten bis 200 000 Mann), daß
sie die vorwiegend aus Einwanderern zu=
sammengesetzte Truppe der sogenannten Frei=
willigen („Voluntarios") schuf, daß sie zahl=
reiche Verschwörer und politische Umtriebe
Verdächtige aus dem Lande verwies und
daß sie in den Zeiten des Aufruhrs un=
bedenklich zu Masseneinkerkerungen und
Massenhinrichtungen schritt. Wir erinnern
in letzterer Hinsicht namentlich an das Er=
schießen der acht Studenten von der Universität
Habana (1871) und der 53 Leute von dem
amerikanischen Dampfer Virginius (1873).
Der Erfolg, den die Regierung mit diesen
Maßregeln gehabt hat, ist aber ein sehr
schlechter gewesen, und zu Zeiten sind ihr
die Zügel dabei völlig aus der Hand ge=
raten, um von dem „Casino Español" (dem
„Spanischen Vereine"), sowie von den
„Voluntarios", also von den Einwanderern
selbst, ergriffen zu werden. Wurde doch
sowohl ein General Dulce (1870) als
auch ein Marschall Campos (1896) von
ihnen zum Rücktritt und zur Rückkehr nach
Spanien gezwungen, als sie ihnen nicht
scharf und rücksichtslos genug gegen die
Insurgenten vorzugehen schienen, und feuer=
ten doch die Voluntarios ohne jeden Befehl
auf die Besucher des Villanueva Theaters.
Als der große Aufstand von 1868—1878
durch den Vertrag von Zanjon beigelegt
war, suchte die Regierung zu Madrid den
inneren Frieden und die Ordnung auf Cuba
dadurch zu befestigen, daß sie die Insel für

Abb. 19. Habanas Häuser und Höfe (Patios) von oben.

eine spanische Provinz erklärte und ihr als solcher „alle Freiheiten Spaniens" zugestand, und seit dieser Zeit haben 16 cubanische Senatoren und 30 Abgeordnete in den spanischen Cortes Sitz und Stimme gehabt. Den Wünschen und Ansprüchen der Creolen ist aber auch damit keine Genüge geschehen, denn trotz der viel geringeren Zahl der Peninsulares, die zu derjenigen der Creolen etwa wie 1 : 4 stehen dürfte, haben diese bei den Wahlen in der Regel den Sieg davongetragen, und überdies haben die Vertreter Cubas natürlich in den Cortes niemals etwas anderes darstellen können, als eine kleine Minorität, die einen entscheidenden Einfluß betreffs des Schicksals der Insel unmöglich geltend machen konnte. Es kam daher im Februar des Jahres 1895 zu einer neuen großen Erhebung, und der Katastrophe, die dadurch herbeigeführt worden ist, hat die Bewilligung einer weitgehenden Autonomie — nach Art der canadischen —, zu der sich die spanische Regierung endlich entschloß, nicht mehr begegnen können. Daß die hervorragendsten und energischsten Führer in diesem letzten Kampfe meist keine cubanischen Creolen waren, sondern Mulatten und Ausländer — Maximo Gomez Domingauer, Suarez Mexicaner, Roloff Pole, Vargaja Chilene, Castello Colombaner u. s. f. —, ist bekannt. Das steht in vollkommenem Einklange mit dem geschilderten Nationalcharakter und war in den vorausgegangenen Insurrektionskämpfen auch nicht anders, denn Narciso Lopez war Venezuelaner, und Maximo Gomez bewährte sich auch schon in den Jahren 1873 bis 1878 als der scharf blickende, verwegene und rücksichtslose, mit seinen eigenen Kampfmitteln, sowie mit der Gefechtsart seiner Gegner und mit der tropischen Landesnatur wohlvertraute Obergeneral. Echte cubanische Creolen waren dagegen die Häupter der republikanischen Regierung des „Freien Cuba" („Cuba Libre") — S. Cisneros und B. Masso —, die sich während des Kampfes schattenhaft im Hintergrunde gehalten haben, sowie die überaus rührigen Vertreter dieser Regierung in Waschington und New York — Estra da Palma und Gonzalez de Quesada —, und die große Masse der Creolen ließ den Aufständischen allenthalben, wo sie konnte, gern jede geheime Förderung und Unterstützung zu teil werden, dadurch der aufgebotenen Militärmacht der Spanier ohne Zweifel ungleich gefährlicher, als wenn sie ihr im offenen Felde gegenüber gestanden hätte.

Die chinesischen Kulis, deren Zahl sich zur Zeit etwa auf 50 000 (gegen 3 Prozent der Gesamtbevölkerung) beläuft, haben den Zweck, zu dem sie seit 1847 eingeführt worden sind, im allgemeinen gut erfüllt und sich in den Zuckerrohrpflanzungen und Zuckerfabriken als geschickte und fleißige Arbeiter bewiesen, so daß das Fortblühen des wichtigsten cubanischen Wirtschaftszweiges ihnen in sehr bemerkenswertem Maße mit zu verdanken ist. Reichtümer haben sie aber unter den obwaltenden Verhältnissen als Plantagenarbeiter ebensowenig gesammelt als in anderen Geschäftsbetrieben, denen sie sich nach Ablauf ihres Kontraktes etwa zuwandten — als Handwerker, Gemüsegärtner, Straßenverkäufer (Abb. 24) u. s. w. —, und zu dem cubanischen Proletariate stellen sie eine auffällig große Anzahl der allerelendesten und beklagenswertesten Bettlerfiguren. Loyalität dem spanischen Regiment gegenüber war natürlich von ihnen noch weniger zu erwarten als von den Negern, Mulatten und Creolen, und da sie in politischer Beziehung einfach mit dem Strome schwimmen, so sind sie auch in dem Insurgentenheere verhältnismäßig stark vertreten gewesen, zwar nicht unter den Kämpfern, wohl aber unter den Köchen, Trägern und dergleichen.

Eine ungleich bedeutsamere Rolle haben aber in der neuesten Phase der Kulturentwickelung Cubas die weißen Nichtspanier gespielt, die auf der Insel ihren Wohnsitz aufgeschlagen haben, wenn deren Zahl sich insgesamt auch nur auf etwa 11 000 beläuft. Dieselben haben sowohl einen großen Teil der Kapitalkraft in dem cubanischen Wirtschaftsleben vertreten, als auch zugleich einen großen Teil des darin wirksamen Unternehmungsgeistes, und sie sind es deshalb in ganz hervorragender Weise gewesen, die seinen eigentlichen Niedergang verhindert haben. Vor allem gilt dies von den Amerikanern aus der Union, die bei den regen Handels- und Verkehrsbeziehungen ihres Landes zu Cuba besonders stark darunter vertreten sind und in deren Händen sich nicht bloß zahlreiche, mit Maschinen auf das vorzüglichste ausgestattete Ingenios befinden, sondern auch die schwungreich betriebenen Eisen- und Manganerzminen, sowie verschiedene große Südfruchtpflanzungen. Nicht minder gilt es aber auch von den Deutschen, deren Kolonie zu Habana die stattlichste nichtspanische Kolonie der ganzen Insel ist, und die namentlich einen beträchtlichen Teil der Tabakverarbeitung und Tabakausfuhr sowie der Zuckerausfuhr bewirken. Engländer leben zwar nur wenige auf Cuba, ihr Kapital ist aber bei dem Baue und Betriebe der cubanischen Eisenbahnen in der hervorragendsten Weise beteiligt. In den Revolutionswirren haben die weißen Nichtspanier sich der aktiven Parteinahme um so leichter enthalten können, als sie vorwiegend in den Städten oder

Abb. 25. Cubanisches Fenster.

doch außerhalb der Machtsphäre der Aufständischen lebten. Dies hat aber nicht verhindert, daß sie an den Mißständen der Verwaltung gelegentlich sehr herbe, zum Teil vielleicht ungerechte Kritik übten, und von dem amerikanischen Elemente könnte man in dieser Beziehung sogar behaupten, daß es dadurch ein Wesentliches mit dazu beigetragen habe, die letzte große Katastrophe heraufzubeschwören. Die amerikanischen Konsuln waren jedenfalls so gut wie ausnahmslos entschiedene Parteigänger der Insurrektion.

III.

Weitere Schwierigkeiten für die Kulturentwickelung Cubas und für die volle Geltendmachung der ihm inne wohnenden Fähigkeiten haben sich aus der fortschreitenden Entwertung seiner beiden Hauptstapelerzeugnisse ergeben. Dem Rohrzucker ist in dem Rübenzucker ein übermächtiger Konkurrent erstanden, und die Zuckerpreise sind dadurch gegen früher auf ihren vierten oder fünften Teil gesunken. Den Pflanzern blieb dabei ein spärlicher oder unter Umständen wohl gar kein Gewinn, und viele würden die Kultur sicherlich ganz aufgeben, wenn sie sich nicht durch die beschriebenen Arbeiterverhältnisse und durch den aufgebotenen kostspieligen Apparat der Maschinen und Baulichkeiten gezwungen sähen, auf der einmal betretenen Bahn zu beharren. Hat doch die Einrichtung mancher cubanischer Ingenios mehr als eine Million Dollars gekostet. Wie ungünstig die Notlage der Pflanzer auf die Lage der übrigen Volksklassen, und besonders auf die Lage des weißen und farbigen Proletariats zurückwirkte, ist aber ohne weiteres zu ermessen: die Löhne der Pflanzungsarbeiter wurden niedrigere, der Luxus und der Geldausgang in den Städten schwand, es bot sich in Land und Stadt seltener Arbeitsgelegenheit, und die Zahl der Bettler und Desperados mehrte sich in erschreckender Weise. Das war auf den anderen westindischen Zuckerinseln, und vor allem auf denen, die der britischen Krone unterstehen — auf St. Christopher, Antigua, Barbados u. s. w. — genau ebenso. Dort betraf die allgemeine Verarmung aber viel kleinere Volksmassen, deren Klagen leichter überhört wurden und denen es zu bedrohlichen politischen Demonstrationen sowie zu bewaffneten Aufständen gegen das vermeintliche oder wirkliche Mißregiment an der Kraft fehlte. Auf Cuba war das anders, und dort hat die Zuckerkrise zweifellos ganz wesentlich mit dazu beigetragen, daß der letzte Aufstand die bekannte gewaltige und für Spanien verhängnisvolle Ausdehnung angenommen hat.

Abb. 21.
Gebrauch des cubanischen Wasserkruges.

Nicht viel besser als um die Zuckerindustrie war es übrigens in den letzten Jahrzehnten um die cubanische Tabakindustrie bestellt, und an diesem Erwerbszweige hing ebenfalls unmittelbar oder mittelbar das Wohl und Wehe von einem starken Bruchteile der Inselbevölkerung. Das Volumen der Ernte und die Güte des Erzeugnisses hielt sich zwar trotz der Erschöpfung weiter Anbaustrecken im allgemeinen auf der alten Höhe, die damit erzielten Preise wurden aber durch die Konkurrenz anderer Tabakländer (Sumatras, Manilas, Mexicos) immer gedrückter, und dem zu Cigarren und Cigaretten verarbeiteten Kraut wurden durch die Schutz-

Zollsätze der Absatzgebiete (der Vereinigten Staaten, Deutschlands u. s. w.) in beträchtlichem Umfange der Eingang verwehrt, so daß die Zahl der ausgeführten Cubacigarren von 250,5 Millionen im Jahre 1889 auf 147,4 Millionen im Jahre 1893 sank. Dabei war die Tabakbauerbevölkerung sowie auch die Cigarrenarbeiterbevölkerung von jeher eine ganz besonders stark zur Illoyalität geneigte Volksklasse, und Tabakunruhen sind bereits in den ersten Jahrzehnten des XVIII. Jahrhunderts zu verzeichnen gewesen.

Sehr schlimm war es sodann für Cuba und seine Bewohner und Herren, daß durch die wiederholten Aufstände und namentlich durch den langwierigen Bürgerkrieg der sechziger und siebziger Jahre eine ungeheure öffentliche Schuldenlast (gegen 750 Millionen Mark) auf die Insel gehäuft wurde und daß die Verzinsung dieser Schuld zusammen mit dem Aufwande für das Verteidigungswesen (1894: 77,6 Millionen Mark) den weitaus größten Teil der öffentlichen Einnahmen (1894: 80 Millionen Mark) verschlang. Für öffentliche Kulturarbeiten und Verbesserungen jeder Art blieb auf diese Weise so gut wie gar nichts übrig, und vor allen Dingen hatte man sowohl von der Anlage eines guten Landstraßennetzes als auch von dem weiteren Ausbau des Eisenbahnnetzes abzustehen — von der sehr wünschenswerten und technisch ohne erhebliche Schwierigkeit ausführbaren Kanaldurchstechung an dem niedrigen Isthmus von Moron zu geschweigen. Und doch hätte man hierin das allerbeste Mittel gewonnen, das danieder liegende Wirtschaftsleben unmittelbar kräftig zu fördern, das Banditenwesen auszurotten, aufständischen Bewegungen wirksam zu begegnen und den inneren Frieden nach allen Richtungen hin zu befestigen. Gewisse Landungserleichterungen hätten gleichfalls not gethan, ob gleich Cuba mit Naturhäfen so wohl ausgestattet ist, wie kaum ein anderes Land der Erde, und desgleichen auch gewisse

Abb. 22. Eine Estancia.

Stromkorrekturen und Schutzdammbauten gegen die Überschwemmungen der Regenzeit, die Entwässerung großer Sumpfstrecken, die systematische Sanierung der Städte und dergleichen, und auch diese Ameliorationen hätten mancherlei dazu beitragen können, eine mit ihrem Schicksal zufriedene und zum Aufruhr weniger geneigte Bevölkerung zu schaffen. Dazu hatte die öffentliche Schuld natürlich einen starken Steuerdruck zur Folge, und wenn derselbe auch in der Gestalt direkter Abgaben nicht sehr empfindlich war, so war er es doch in der Gestalt hoher Eingangszölle auf die notwendigsten Lebensbedürfnisse. Beispielsweise hatte das Weizenmehl dadurch in Cuba nahezu einen dreifach so hohen Preis als in der Nordamerikanischen Union.

Abb. 23. Ein Bohio und seine Bewohner.

Daß die üble Finanz- und Wirtschaftslage auch überaus nachteilig auf den Charakter der Verwaltung einwirken mußte, ist selbstredend. Die spanische Beamtenschaft auf Cuba wurde schlecht und unregelmäßig bezahlt und war deswegen auch großenteils von zweifelhafter moralischer und intellektueller Beschaffenheit — ein wenig geeignetes Instrument des Kolonialregiments bei der ihm obliegenden schweren Aufgabe. An zahllosen Orten suchte persönliche Schurkerei im Trüben zu fischen, und Bestechlichkeit der schlimmsten Art machte sich nicht bloß breit in den Zollhäusern, sondern auch in dem Polizeiwesen und in den Gerichtssälen. Eine wahre Pest des Landes waren vor allen Dingen die allenthalben umherschleichenden Winkeladvokaten, die das Recht nach jeder beliebigen Richtung beugten. Auch selbst an oberster Stelle — auf dem Posten des Generalstatthalters — hielt man sich nicht immer frei von dem Vorwurfe selbstsüchtiger Bereicherung, und außerdem waltete an dieser Stelle in vielen Fällen offenkundige Unfähigkeit. Es spielte in dieser Beziehung namentlich die Günstlingswirtschaft einer Isabella II. unheilvoll in die cubanischen Verhältnisse hinein. Die Verbitterung der ohnedies schon unzufriedenen Volksklassen gegenüber Spanien stieg hierdurch aber auf das höchste, und die große Mehrzahl erblickte in dem korrupten Beamtentum die Wurzel aller Übel.

Ganz undenkbar war endlich unter den obwaltenden Verhältnissen auch ein rüstiges Fortschreiten der wissenschaftlichen Durchforschung der Insel im Geiste der neuen Zeit, und was in dieser Richtung von seiten der Verwaltung geschah, war im allgemeinen nur dazu angetan, zu hemmen und zu hindern. Selbst eine genaue Arealvermessung und eine einigermaßen zuverlässige topographische Kartierung unterblieb, und ebenso unterblieb auch die Vervollständigung der in besseren Zeiten rühmlich begonnenen Küstenaufnahme. In Bezug auf den geologischen Bau stellten Pedro Sallerain und F. de Castro Anfang der achtziger Jahre verschiedene wichtige Thatsachen fest, die darauf begründete geologische Karte hat aber nur den Wert einer vorläufigen flüchtigen Skizze. Nicht hoch genug können ferner die sorgfältigen Beobachtungen angeschlagen werden, welche der Jesuitenpater Benito Viñes von dem Belen-Kolleg Habanas durch eine lange Jahresreihe betreffs der meteorologischen Erscheinungen angestellt hat: außerhalb Habanas geschah aber auch in dieser Richtung seit den vierziger Jahren nicht das Geringste, und unsere Kenntnis von der Insel hatte daher in Bezug auf das Klima im wesentlichen auf der Stufe zu verharren, auf der es bereits in Zeiten des Humboldtschen „Essai politique" (1824) angelangt war.*)

Auf die Handhabung der cubanischen Probleme ganz im allgemeinen der verwaltungspolitischen ebenso wie der militärischen — mußte der üble Stand der cubanischen Landeskunde gleichfalls überaus nachteilig zurückwirken, und man darf in dieser Hinsicht das alte Wort anwenden: „Wen der Herr verderben will, den schlägt er mit Blindheit." Wie hätten die Regierenden im Mittelalter — die Cortes und die Ratgeber der spanischen Krone — die zweckentsprechenden Entschließungen in Bezug auf ihren kostbaren Kolonialbesitz fassen sollen, da sie so schlecht über ihn unterrichtet waren! Und wie hätten ihre Beauftragten in Habana und in den anderen Hauptstädten Cubas den Bedürfnissen der Bevölkerung bei ihren Maßregeln genügend Rechnung tragen sollen! Regierende sollen eben vor allen Dingen Wissende sein, und wenn sie das nicht sind, so begehen sie, auch wenn sie von den besten Absichten und der stärksten Willenskraft beseelt sind, Irrtum auf Irrtum und Mißgriff auf Mißgriff, bis das ganze ihnen anvertraute Räderwerk ins Stocken gerät oder zerbricht. Des Schandregimentes einer Isabella II. und der Schwächen und Schwankungen aller nach ihrem Sturze folgenden spanischen Regierungen — die gegenwärtige eingeschlossen — hätte es also gar nicht bedurft, um die cubanischen Angelegenheiten in jeder Beziehung im argen zu lassen. Was die Verwaltungspolitik anlangt, so wurzelte in der herrschenden Unkenntnis insbesondere auch das zähe Festhalten an gewissen Grundsätzen des alten Kolonialsystems. Man suchte dem Mutterlande das Handelsmonopol früherer Zeiten so viel als möglich zu erhalten, indem man Schiffahrtsgesetze erließ, nach denen die in den cubanischen Häfen verkehrenden spanischen Schiffe im Gegensatze zu den Schiffen anderer Völker als Küstenfahrer galten, und indem man zugleich ein überaus lästiges und den Handelsinteressen der Cubaner zuwiderlaufendes Differential-Schutzzollsystem aufrichtete. Und

*) Das meiste thaten in neuerer Zeit zur Förderung der wissenschaftlichen Landeskunde Ausländer, Deutsche und Amerikaner: J. Gundlach, der die Insel 54 Jahre lang in den verschiedensten Teilen und Richtungen durchstreifte, um vor allem ihre tiergeographischen Verhältnisse in umfassender Weise klar zu legen, A. Grisebach, der auf Grund der von dem Amerikaner C. Wright gemachten Sammlungen seinen „Catalogus plantarum Cubensium" (1866) zusammenstellte, und Alexander Agassiz, R. T. Hill und J. W. Spencer, die die Grundzüge der geologischen Entwicklungsgeschichte der Insel und den Anteil der Korallentierchen an ihrem Aufbau festzustellen suchten.

Abb. 21. Chinesischer Straßenverkäufer

ein Teil der oben angegebenen gemeinnützigen Werke — namentlich ein Teil der Straßenbauten — hätte wohl trotz der Finanznot ausgeführt werden können, wenn betreffs derselben nicht zugleich ein hoher Betrag von Gleichgültigkeit und Stumpfsinn, den unmittelbaren Äußerungen jener Unkenntnis — obgewaltet hätte. Was aber die militärischen Probleme angeht, mit denen man es zu thun hatte, so befanden sich die spanischen Heerführer bei dem Mangel an einer guten topographischen Karte und an anderweiten eingehenden Informationen über Land und Leute in einer sehr üblen

Nebeninseln und Bänke und Riffe, sowie der sie umflutenden Strömungen lagen auch dort die Verhältnisse ungemein schwierig. Während die Aufständischen aber daselbst in der creolischen und farbigen Fischerbevölkerung allenthalben dienstbereite und mit dem Fahrwasser wohlvertraute Piloten fanden, so tasteten die Befehlshaber der spanischen Kanonenboote auch dort vielerorten in einem unbekannten und dunklen Labyrinthe umher, und die bekannten Flibustierexpeditionen aus den Häfen der Vereinigten Staaten, sowie alle anderen Parteigänger der Insurrektion hatten auf diese

Abb. 25. Reconcentrados-Torichen am Montserrat von Matanzas.

Lage, und wenn ihre Operationen gegenüber den über einen ausgezeichneten ortskundigen Auspäherdienst verfügenden Insurgenten den Eindruck eines vorsichtigen Tappens und Tastens im Dunkeln machten, so brauchte man sich darüber eigentlich nicht zu wundern. Die wilde Zerklüftung und der Höhlenreichtum der cubanischen Gebirge, der dichte Buschwuchs der sogenannten „Manigua" und die zahlreichen Waldsümpfe mit den sich darin bietenden Schlupfwinkeln machten ein sorgfältiges militärgeographisches Studium doppelt unentbehrlich. Und ebendasselbe wie von dem Inneren gilt auch von der Küste. Durch die lange Ausgezogenheit derselben (auf 3500 km im allgemeinen Umriß) und durch das verwickelte System der sie begleitenden

Weise in den allermeisten Fällen völlig unbehinderten Aus- und Eingang. Alles in allem aber darf man behaupten, daß bei besserer Landeskenntnis der spanischen Offiziere das Aufgebot einer viel geringeren Truppenzahl ausgereicht haben würde, die Aufstände niederzuwerfen, und daß also das Dahinsterben von vielen Tausenden durch klimatische Krankheiten hätte vermieden werden können. Zugleich hätte die Kriegsleitung es dann aber auch nicht nötig gehabt, zu der harten Maßregel der sogenannten „Rekonzentration" zu greifen, wodurch ein großer Teil der Landbevölkerung dazu gezwungen wurde, sich ohne genügende Subsistenzmittel in den von den spanischen Befestungen beherrschten Außenteilen der Städte anzusiedeln (Abb. 25), und wodurch bei dem weiteren unglücklichen Verlaufe des Kampfes Tausende dem Hungertode preisgegeben wurden.

Und hätten die spanischen Staatslenker zu Madrid, wenn sie die cubanischen Angelegenheiten besser verstanden und beurteilt hätten, nicht auch den Zusammenstoß mit dem äußeren Feinde, der sie auf Cuba bedrohte, vermeiden können? Oder ihm doch wirksamer begegnen? Auch wie die Dinge hinsichtlich der cubanischen Rassen- und Wirtschaftsverhältnisse, sowie hinsichtlich seiner Militär- und Civilverwaltung thatsächlich lagen, hätte ja der Aufstand von 1895—1898 schwerlich zu einer vollkommenen Vernichtung der spanischen Herrschaft über Cuba geführt, wenn die Insurgenten nicht in der Nordamerikanischen Union einen Verbündeten gehabt hätten, und wenn die spanische Regierung nicht auch der Union gegenüber alle ihre Schwächen und alle ihre Blindheit an den Tag gelegt hätte.

Daß zwischen Cuba und den Vereinigten Staaten von Nordamerika enge Verkehrs- und Kulturbeziehungen entstehen mußten, sobald die beiden Länder auf einer höheren Stufe ihrer Entwickelung angelangt waren, erhellt bei der flüchtigsten Betrachtung ihrer geographischen Lage zu einander, und ebenso erhellt daraus auch, daß unter Umständen eine gewisse Gefahr für die spanische Kolonialherrschaft von der Union her drohen konnte. Den von verschiedenen Seiten gepredigten Glaubenssatz, als ob es ein unabwendbares Verhängnis — oder, um mit dem amerikanischen Schlagworte zu reden: „a manifest destiny" — gewesen sei, wonach Cuba der politischen Machtsphäre der Vereinigten Staaten verfallen mußte, können wir aber nicht gelten lassen. Freilich ist wohl auch bei der Gebietsentwickelung der

Abb. 26. Königspalmen.

staatlichen Gemeinwesen jederzeit eine Art Gesetz von der Anziehung der Massen wirksam gewesen, aber so streng mathematisch und einfach wie bei den Himmelskörpern ist es dabei nie und nirgends zugegangen, und in zahlreichen Fällen hat im politischen Leben eine kräftige Fernewirkung eine nicht minder kräftige Nähewirkung gänzlich auf-gehoben. Würde sonst wohl der Organismus des britischen Weltreiches Bestand haben können, und sollte man es sonst nicht viel eher für ein „manifest destiny" erklären, daß das durch das Geäder des Rheinstromes mit Deutschland verbundene und auch sonst in jeder Weise verwachsene Holland dem deutschen Reichsgebiete eingefügt werden müsse? Der Meeresraum, welcher Cuba von der Nordamerikanischen Union trennt, ist immerhin noch wesentlich breiter als der

Ostseeraum zwischen Stralsund und den südschwedischen Küstenplätzen, und wenn der letztere eine sogenannte Naturgrenze zwischen verschiedenen Kulturkreisen und Staatsgebieten bildet, so sollte man es wohl auch von dem ersteren erwarten dürfen. Wenn Schweden die fragliche europäische Naturgrenze eben seinerzeit außer Augen gesetzt und Stralsund nebst anderen Teilen Pommerns unter seiner Herrschaft gehalten hat, so konnte dies nur durch einen Gewaltakt geschehen, dem von Deutschland aus kein wohlorganisierter und wohlgeleiteter begegnete; und daß dies in dem Falle von Cuba ebenso war, ließe sich leicht im einzelnen nachweisen.

Gegen außen aggressiv und annexionslustig ist die Nordamerikanische Union von ihren ersten Anfängen an gewesen — nicht weniger als die verschiedenen Monarchien Europas —, und hinsichtlich Cubas hat vor allen Dingen schon Thomas Jefferson, der geistreichste und schärfstblickende unter den amerikanischen Präsidenten, erklärt, daß die Erwerbung der Insel seitens der Union der Abrundung und Sicherung ihrer Grenzen, sowie ihrer ganzen zukünftigen Entwickelung halber außerordentlich wünschenswert sei. Nach ihm aber ist der Wunsch, des Nachbars Weinberg zu besitzen, in der Union ganz besonders lebendig gewesen, als die südliche Sklavenhalterpartei darauf bedacht sein mußte, sich ihren nördlichen Anfechtern gegenüber so viel als immer möglich zu verstärken. Präsident Polk, der auch den bekannten Eroberungskrieg gegen Mexico führte, machte damals Spanien das Anerbieten, die Insel für 100 Millionen Dollars kaufen zu wollen, und als dasselbe stolz zurückgewiesen worden war, da brauchte James Buchanan in amtlicher Botschaft zum erstenmale das Wort von der „manifest destiny" Cubas, der Kongreß zu Washington aber faßte den ausdrücklichen Beschluß, die Insel mit Waffengewalt zu erobern, falls ihre gütliche Abtretung gegen eine Entschädigungssumme des weiteren verweigert werde. Und dies alles geschah zu einer Zeit, wo Cuba unter dem spanischen Regiment wirtschaftlich auf das höchste prosperierte, und wo daselbst außer dem Rassenzwiespalt keinerlei erhebliche Schwierigkeit für die spanische Verwaltung bestand.

In der Folge hat sich die Exekutive der Unionsregierung eine größere Zurückhaltung in der cubanischen Frage auferlegt, und namentlich hat sie während des ganzen zehnjährigen Aufstandes von 1868—1878, sowie auch während der ersten Jahre des soeben beendeten Aufstandes die Pflichten der Neutralität in gewisser Weise zu erfüllen gesucht. Da die Fähigkeiten und Befugnisse des Präsidenten in dieser Beziehung sehr beschränkte sind, so war damit aber für Spanien wenig gewonnen, und in den gesetzgebenden Körperschaften, sowie in der Presse und in den Volksversammlungen jeder Art war von der Einverleibung Cubas in die Union oder doch von der Notwendigkeit, die Insel von der spanischen Herrschaft zu befreien, nach wie vor sehr laut die Rede — unter stetem Hinweis auf die Monroedoktrin, nach der Amerika die ausschließliche Domäne der „Amerikaner" sein soll. Thatsächliche Hilfe leisteten die Unionsbürger den Insurgenten nicht bloß in der Gestalt von Geldsammlungen, sondern auch in Gestalt von wohlausgerüsteten Flibustierexpeditionen, und wenn die letzteren, in denen die Insurrektion ihren eigentlichen Lebensnerv hatte, gelegentlich von der Regierung ergriffen wurden oder in spanische Hände gerieten, so wurde amtlich immer dafür gesorgt, daß den Mitgliedern kein ernster Schaden daraus erwuchs. Die cubanische Junta aber, der die oberste Leitung der Aufstände oblag, erfreute sich in New York und Washington der weitgehendsten Duldung und der sorgsamsten amtlichen und außeramtlichen Pflege. Nur so war es möglich, daß der Aufstand von 1868 sich über die ganze Insel verbreitete und zum Unheile für das Wirtschaftsleben und die Finanzen Cubas zehn volle Jahre währte, und nur so nahm auch der neueste Aufstand den für Spanien und für die cubanischen Reconcentrados verhängnisvollen Charakter an. Spanien hatte dem ganzen Treiben gegenüber, bei dem auch das ehrlichste Bemühen von seiner Seite nichts fruchten konnte, nur schwachmütige Proteste und Vorstellungen, und der letzte entscheidende Schlag, den seine Gegner nach der bekannten, durch das amerikanische Gutachten in keiner Weise genügend aufgeklärten Maineexplosion ausführte, traf es gänzlich unvorbereitet. Was wunder, daß die Streitkräfte der Union bei Manila und Santiago ihre raschen und leichten Siege errangen, und daß diese Siege hinreichten, den Amerikanern ganz Cuba und dazu auch den übrigen spanischen Kolonialbesitz auf Gnade und Ungnade zu überantworten!

In welcher Weise die Cubanerkolonien zu New York und Key West, in denen von Anfang an politische Flüchtlinge und Vertriebene (Creolen ebenso wie Mulatten) den Hauptbestandteil ausmachten, mithalfen, die „manifest destiny" Cubas herbeizuführen, bedarf keiner weiteren Ausführung. Dagegen ist es vielleicht nicht überflüssig, zu betonen, daß auch die Mißgriffe der spanischen Zollgesetzgebung viel dazu beigetragen haben, die spanische Position auf Cuba mehr und mehr zu einer schwer haltbaren zu machen. Vor allen Dingen würdigten die spanischen Staatsmänner in dieser Beziehung nicht die hohe handelspolitische Bedeutung der sogenannten Rimessen, und während sie die cubanische Einfuhr dem Mutterlande so viel als möglich zu erhalten suchten, so lenkten sie die Ausfuhr des Zuckers, des Tabaks, der Erze und der Früchte mit Rücksicht auf die unmittelbaren Vorteile systematisch nach den Unionshäfen, dabei nicht bedenkend, daß sie ihre Kolonie auf diese Weise mehr und mehr in wirtschaftliche Abhängigkeit von der Union brachten. Es gingen so Anfang der neunziger Jahre 80 bis 90 Prozent des cubanischen Zuckers nach New York, Philadelphia, Baltimore u. s. w., und dazu auch mehr als 60 Prozent des Blättertabaks und gegen 50 Prozent der Cigarren. Einerseits gewannen dadurch aber die amerikanischen Zucker- und Tabakspekulanten einen tiefgreifenden Einfluß in den cubanischen Angelegenheiten, um gleich den gewissenlosen spanischen Beamten „im Trüben zu fischen", und andererseits erlangte dadurch die Unionsregierung auch einen Schein des Rechtes für ihre Einmischungspolitik. Präsident Mc Kinley durfte so, als er infolge der Mainekatastrophe dem amerikantischen Volkswillen hinsichtlich Cubas die Zügel schießen lassen mußte, aller Welt verkünden, daß er nicht bloß im Interesse der Humanität — um den von seinem Lande her fünfzig Jahre lang geschürten furchtbaren Brand auf Cuba zu dämpfen —, sondern auch im Interesse des geschädigten Handels der Union die Waffen gegen Spanien ergreife.

Wenn Cuba in der angedeuteten Weise durch eine Verkettung historischer Verhältnisse und durch einen von langer Hand vorbereiteten Gewaltakt in seine augenblickliche Lage gelangt und für Spanien verloren gegangen ist, so versteht es sich von selbst, daß es einer weiteren Verkettung historischer Verhältnisse und wahrscheinlich auch weiterer Gewaltakte bedürfen wird, sein ferneres Schicksal zu gestalten. Die

Abb. 27. Königspalmenallee.

der Insel zu stellende Prognose ist in dieser Hinsicht eine sehr schwierige. Zur Zeit sind nicht die Creolen die Herren der Situation auf Cuba, sondern die Amerikaner von der Union, und angesichts des Rassenzwiespaltes, der auf der Insel vorhanden ist, muß man dies als ein Glück bezeichnen. Eine Reihe weiterer blutiger Auseinandersetzungen und eine Fortdauer der Verwüstungen würde sonst kaum zu vermeiden sein. Im übrigen wird es aber sehr darauf ankommen, welches die Hauptfaktoren sein werden, die nunmehr von der Union her gestaltend in das cubanische Wirtschafts- und Kulturleben eingreifen; ob die großen Zucker- und Tabakspekulanten und Professionspolitiker, denen Gewissen und Anstand in keinem geringeren Maße abgeht als den schlechtesten spanischen Verwaltungsbeamten, und denen es so wenig als diesen darauf ankommen würde, die in ihre Hände geratene goldene Gans zu würgen und zu mißhandeln, um eins von ihren goldenen Eiern zu erlangen; oder die Klasse der rechtschaffenen Leute und Idealisten, die an eine höhere Kulturmission ihrer großen Republik glauben, und denen es alles Ernstes darum zu thun ist, allerorten, wo das Sternenbanner weht und wo der amerikanische Adler seine Fittiche ausbreitet, so viel als auf Erden eben möglich, Gefilde der Glücklichen zu schaffen und Freiheit, Recht und Menschenwürde zur Anerkennung zu bringen.

Soweit die geographischen Verhältnisse die zukünftige Entwickelung Cubas mitbestimmen werden, sparen wir uns die Schlüsse der Wahrscheinlichkeitsrechnung auf für die nachfolgenden Abschnitte, in denen wir an der Hand unserer eigenen Anschauungen, sowie an der Hand der besten vorhandenen Informationsquellen im Geiste eine Umsegelung der Insel, sowie eine Reihe von Streifzügen quer durch sie hindurch unternehmen wollen.

IV.

Unter den großen Weltverkehrsbahnen, die nach Cuba streben, waren bis auf den heutigen Tag vor allen Dingen zwei bedeutsam: die, welche von Cadiz ihren Ausgang nimmt — nicht weit von der denkwürdigen Bucht von Huelva, von der Kolumbus zu seiner ersten Entdeckerfahrt aufbrach —, und die, welche ihren Anfangspunkt in New York hat. Auf ihnen vollzog sich bislang der weitaus größte Teil der Güter- und Personenbewegung, die zwischen der westindischen Hauptinsel und den anderen Erdgegenden hin und her flutete. Die erstere, gegen 3800 Seemeilen lange Bahn entspricht den althergebrachten Beziehungen zwischen der Kolonie und ihrem Mutterlande, die durch die geschichtliche Großthat des Kolumbus eingeleitet wurden und durch sie wohl genug legitimiert waren. Diese Linie berührt bei San Juan Puertorico, die kleinste der Großen Antillen, um sodann der Küste von Haiti entlang und durch den Alten Bahamakanal nach Habana oder durch die Monadurchfahrt (zwischen Puertorico und Haiti) oder Windwarddurchfahrt (zwischen Haiti und Cuba) nach Santiago zu führen. Die letztere Bahn aber, die nur etwa 1200 Meilen lang ist, erklärt sich zur Genüge daraus, daß die Nordamerikanische Union unter den großen wirtschaftlichen und politischen Gemeinwesen der Erde das Cuba am nächsten benachbarte ist, und daß die beiden Länder sich hinsichtlich ihrer Produktionsverhältnisse in gewisser Weise wechselseitig ergänzen; und sie erscheint von Anfang an als eine Doppelbahn, bezugsweise als ein Doppelgeleise, indem der Schnellverkehr der Personen und Nachrichten sich vorwiegend von New York über Land nach Tampa in Florida und fernerweit über Key West nach Habana bewegt, der Güterverkehr aber durch die Floridastraße nach Habana, Matanzas, Cardenas, Sagua und Remedios oder durch die Durchfahrten des Bahamaarchipels (besonders die Croodedpassage) nach den nordöstlichen und südlichen Häfen Cubas. Alle anderen Verkehrsbahnen nach Cuba, und besonders auch die von Hamburg, Bremen, Liverpool, Bordeaux und New Orleans, sowie von den westindischen Nachbarinseln ausgehenden, können nur als Nebenbahnen gelten. Die wichtigste und belebteste davon ist aber die von Hamburg über St. Thomas nach Habana.

Dem Reisenden, der sich Cuba auf der zuerst bezeichneten Bahn nähert, zeigt die Insel ein überaus eindrucksvolles und typisches erstes Bild. Ein stattlicher Tafel-

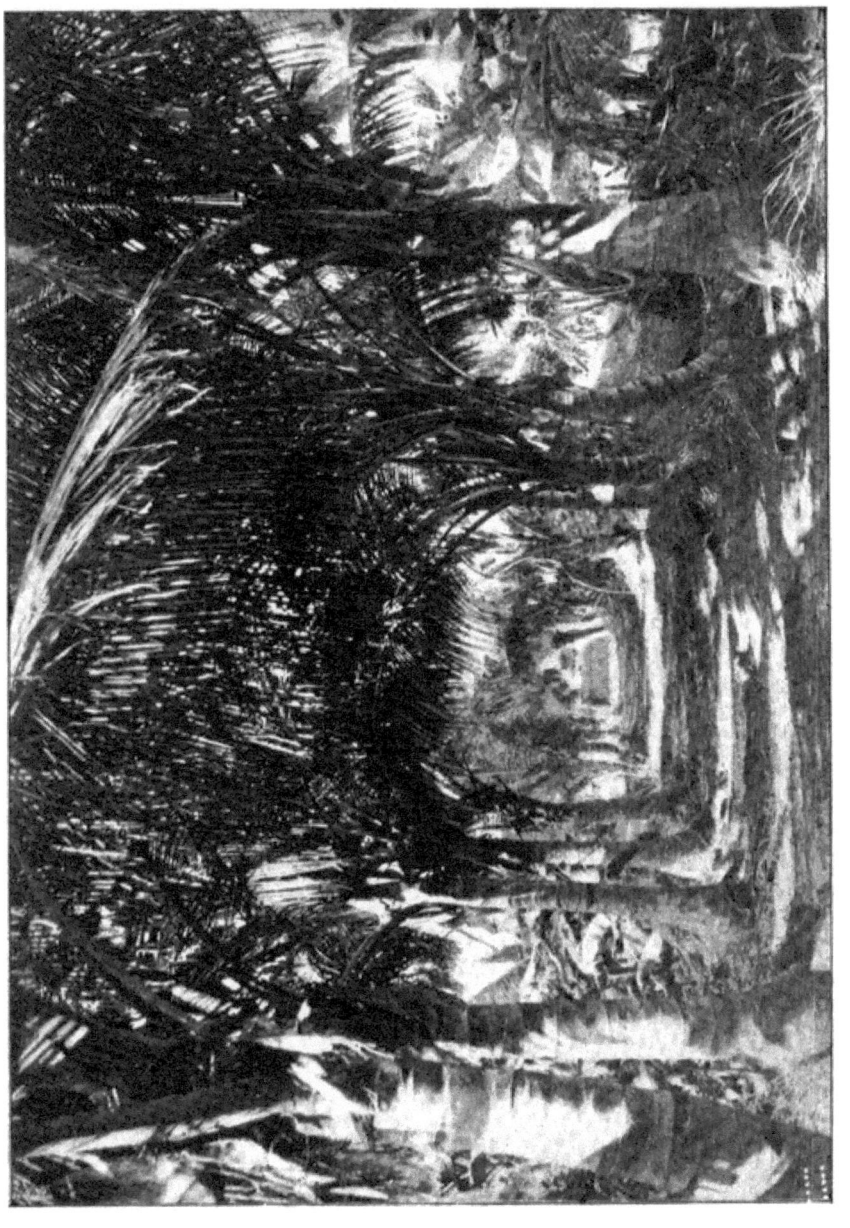

Abb. 28. Kokospalmenallee.

berg taucht vor seinen Blicken aus den Fluten auf der Yunque (Amboß) von Baracoa, der den Schiffern weithin als unverkennbares Wahrzeichen dient. Und indem der Kurs sich auf den kleinen Hafenplatz Baracoa zu lenkt, erscheinen dahinter in der Ferne scharfgeschnittene andere Bergzacken die Cuchillas de Baracoa —, die gegen die Ostspitze der Insel, das Kap Maisi, niedriger und niedriger werden. Allmählich hebt sich dann auch das Vorland jener Berge deutlicher heraus, und das Auge unterscheidet drei merkwürdig im allgemeinen als eine gegen 10 m hohe, steile Klippenwand aus der See und erweist sich bei näherer Betrachtung als ein reiner Korallenbau. Ungezählte Millionen von Astraeen, Maeandrinen, Poriten, Madreporen, Colpophyllien, Orbicellen u. s. w. von derselben Art, wie sie heute noch um die Bahamainseln, um Südflorida und um Cuba herum ihr wunderbares Wesen treiben, haben daran gearbeitet, ihn zustande zu bringen. Die von dem herrschenden Nordostpassatwinde, noch mehr aber von dem öfters einbrechenden starken Nordwest-

Abb. 29. Ein Ananasfeld.

regelmäßige Terrassenstufen, aus denen sich dasselbe aufbaut. Die ganze Landschaft aber prangt in dem Schmucke einer reichen Tropenvegetation, und vor allen Dingen winkt von allen Berghängen die ebenso anmutige als majestätische Königspalme (Oreodoxa regia) herab der eigentliche Charakterbaum Cubas, den der palmenkundige Alexander von Humboldt einen der schönsten seines Geschlechtes nennt (Abb. 26 und 27). Brächten die üppige Vegetation und der Stufenbau des Landes nicht fremdartige Momente in das Bild, so könnte es wohl an die südeuropäischen Küstenbilder gemahnen.

Die unterste Terrassenstufe erhebt sich winde („Norte") gepeitschten Wogen schäumen in wilder Brandung an der Klippenwand hoch auf. Das zierliche Gefüge der Korallenzellen bewährt sich dabei aber als ein viel festeres und widerstandsfähigeres, als man glauben sollte, und das Zerstörungswerk, das die Brandung daran treibt, erscheint dem Auge als geringfügig. Verwettert genug sieht die Seefront allerdings aus, und eine einsame Felsenbank am Eingange in die Bucht von Baracoa, der sogenannte Buren, bekundet, daß die Klippe einst weiter vorsprang und daß ein Teil des natürlichen Wogenbrechers aus Korallenkalk, der die Bucht vor dem Seegange schützte, zusammengebrochen und weg-

Abb. 30. Bananenstock.

gewaschen ist. Heute ist die Öffnung der Bucht infolgedessen eine weitere, als den Schiffern, die darin zu verkehren haben, lieb sein kann, und die beiden angegebenen Hauptwinde der Gegend treiben häufig eine schwere See in sie hinein. Das von den Wellen zerriebene Trümmermaterial nebst den vom Lande herabgespülten Sedimentmassen aber ist an den Rändern der Bucht in der Gestalt eines sandigen Strandes zur Ablagerung gekommen, und der in sie mündende Macaguaniguafluß wird durch das so entstandene, von Mangrovegebüsch (Manglar) bewachsene Schwemmland auf einer beträchtlichen Strecke abgedämmt, so daß er in weitem Bogen hart an ihr entlang fließt, ehe er in ihrem geschütztesten östlichen Winkel seinen Ausgang findet. Vor der Flußmündung schwimmen gravitätisch graue Pelikane hin und her, am Ufer stehen ihrer Beute harrend kleine weiße und bläuliche Reiher (Ardea occidentalis und Ardea coerulea), und aus dem Gebüsch heraus ertönt der Gesang des Canario de Manglar (Dendroica petechia) und des westindisch-nordamerikanischen Spottvogels (Mimus polyglottus), dessen Stimme Kolumbus für Nachtigallengesang nahm.

An der Oberfläche ist die unterste Terrassenstufe mit einer dünnen Schicht von Roterde (tierra colorada) bedeckt, zum Teil überstreuen Korallenfelsbruchstücke nach Art deutscher Feldsteine den Boden, und das hier und da zu Tage stehende Grundgestein erscheint allenthalben bienenwabenähnlich zerlöchert und zerfressen — unverkennbare Zeugnisse davon, daß die mächtigen cubanischen Regengüsse so wenig ohne Wirkung auf sie geblieben sind wie die Meeresbrandung.

Die höheren Stufen, die nur eine kleine Strecke weiter landein liegen, bestehen aus weißem, gelbem und rötlichem Kalkstein jung- und mitteltertiären Alters, in dem korallines Gefüge nur stellenweise sichtbar wird, und ebenso ist es auch mit den darüber aufragenden Bergstöcken und Bergketten, vor allem mit dem Yunque, den bisher nur wenige Reisende erklommen haben. Zwar ist die Erhebung des letzteren über den Meeresspiegel nur eine mäßige (556 m), gleich zahlreichen anderen cubanischen Bergen stürzt derselbe aber ringsum mit jähen, teils von dichtem Waldwuchse bekleideten, teils völlig kahlen Wänden und Hängen zur Tiefe, und sein flacher Gipfel ist nur auf einem einzigen schwierigen Pfade erreichbar. Daß die Weltergeister der Tropen auch an der Zerstörung des Yunque rastlos thätig sind, verraten einesteils die weithin leuchtenden kahlen Wände, die ihren Ursprung samt und sonders unlängst stattgehabten Bergstürzen verdanken, anderenteils aber auch die mächtigen

Trümmermassen, die den Fuß umlagern, und man kann sich angesichts dieser Wände und Trümmer und angesichts einer einzigen Regenflut, die auf sie niedergeht, des Gedankens nicht erwehren, daß der schöne Bergstock nichts anderes ist, als die zur Zeit noch stehen gebliebene Ruine einer viel ausgedehnteren Kalksteintafel, bezugsweise der Überrest einer höchsten Terrassenstufe, die die übrigen Stufen weit überragte. Die niedrigen Berge der Gegend, wie der Monte de Santa Tereja (210 m) und der Monte Majayara (160 m), östlich von Baracoa, ergeben sich dann als die Reste von Zwischenstufen. Betreffs der Bildungsgeschichte von Cuba aber scheint das ganze Landschaftsbild von Baracoa lehren zu wollen, daß die Insel seit der mittleren Tertiärzeit ruckweise und mit langen Ruhepausen höher und höher aus dem Meere emporgetaucht oder daß der Meeresspiegel an ihrem Gestade in solcher Weise gesunken ist. Das letztere für das Wahrscheinlichere zu halten, könnte man namentlich im Hinblick auf den vollkommen horizontalen Verlauf der korallinen Küstenwand geneigt sein.

In allen Einsenkungen und Thalungen auf den höheren Terrassen und zwischen den Bergen lagert eine mehr oder minder mächtige Schicht von Roterde, die als das schließliche Verwitterungsprodukt des Kalksteins dahin geschwemmt worden ist, und vor allen Dingen: diese Roterdestrecken tragen eine artenreiche und hochstämmige tropische Vegetation. Insbesondere sind dieselben die Stätten, wo die Hauptkulturen der Gegend gedeihen: die schattigen Kokospalmenheine (Abb. 28), die sonnigen Ananasfelder (Abb. 29), die üppigen Bananenpflanzungen (Platanales, Abb. 30) und die Kakao-, Orangen- und Mangogärten, aus denen hier und da eine leicht gebaute, von Negern oder Creolen bewohnte, Palmpfahl- und Palmstrohhütte (Bohio) hervorblickt.

Die Stadt Baracoa (6000 Einw.), die am östlichen Winkel ihrer Bucht auf der untersten Terrassenstufe steht, während der den Hafeneingang bewachende alte Festungsbau die zweite Terrasse krönt, verdient als die älteste Stadt Cubas und als eine der ältesten und ehrwürdigsten Städte der gesamten Neuen Welt Beachtung. Schon Christoph Kolumbus, der den Hafen Puerto Santo nannte, weilte hier länger als an anderen Punkten der cubanischen Nordostküste, und er knüpfte hier seine ersten engeren Beziehungen zu den Eingeborenen; Diego Valesquez aber gründete hier die erste spanische Niederlassung im Jahre 1512.

Abb. 31. Ländliche Fuhrwerke.

Wegen seiner gegen die Bahamas und gegen Haiti, sowie gegen Europa vorgeschobenen Lage und wegen seiner daraus sich ergebenden leichten Verbindung mit dem Mutterlande und mit dem übrigen westindischen Kolonialbesitze schien der Ort den Spaniern eben als Stützpunkt ihrer Herrschaft über die Insel ganz besonders geeignet, und eine gewisse strategische Bedeutung könnte man in Hinblick auf die Windwarddurchfahrt, auf die Hauptdurchfahrten des Bahama-Archipels (die Caicos-, Mariguana- und Crookedpassage) und auf den Alten Bahamakanal füglich auch heute noch geltend machen. Als Eingangspforte in das Innere von Cuba konnte Baracoa aber immer nur eine untergeordnete Rolle spielen, weil die steilhängigen, wild zerklüfteten Gebirge wenige Meilen süd- und westwärts nur unter großen Mühsalen übersteiglich und ihre Thäler der Kultur in sehr beschränktem Umfange zu gewinnen sind. Velasquez selbst wandte sich daher auch bald wieder von ihm weg und verlegte den Regierungssitz nach Santiago, und die Rolle, welche Baracoa als Handelsplatz gespielt hat, ist immer eine bescheidene geblieben. Belangreich ist in der Gegenwart nur seine Ausfuhr von Ananas und Bananen, sowie von Kokosnüssen und Kokosöl, und die kleinen Dampfer und Schoner, die in dem Hafen Ladung nehmen, verkehren beinahe ausschließlich nach der großen nordamerikanischen Welthandelsmetropole New York. Um höheren Bedürfnissen zu genügen, würde der Hafen sehr der künstlichen Verbesserung bedürfen, sowohl weil der in ihn hineinwirkende Seegang den vor Anker liegenden Schiffen unmittelbar verderblich werden kann, als auch, weil er durch das Spiel der Wellen und den einmündenden Strom in fortschreitender Versandung begriffen ist.

Von Baracoa westwärts geht die Seefahrt einer überaus malerischen Küste entlang, und auch größere Schiffe können sich in naher Sicht derselben halten, weil das Meer — es handelt sich um den Eingang zu dem Alten Bahamakanale — bis auf eine oder zwei Seemeilen Abstand eine beträchtliche Tiefe besitzt und gefahrdrohende Korallenriffe nur hier und da unmittelbar am Lande liegen. Die aus fossilen Korallenbauten zusammengesetzte Küstenwand ist auch hier allerwärts deutlich erkennbar, und nicht minder der weiße Schaum der unter dem Einfluß des Passatwindes dagegen donnernden Brandung. Die höheren Terrassenstufen aber sucht das Auge im allgemeinen vergebens, und statt ihrer folgen wieder in bunter Reihe bald höhere und bald niedrigere Tafelberge (mesas und yunques), Sattelberge (sillas), zugespitzte oder abgestumpfte Kegelberge (picos und pans) und abgerundete Kuppen (arcos und tetas) — Bergformen, für deren Benennung die spanische Sprache einen so beneidenswert reichen Wortschatz zur Verfügung hat. Man kann schon aus der Ferne wahrnehmen, daß die tropischen Regengüsse und die von ihnen geschwellten Gebirgsbäche und Ströme hier in noch rüstigerer Weise als bei Baracoa an der Zerteilung und Ausgestaltung der Landschaft gearbeitet haben. Und wem es gelingt, eine Strecke in das Innere einzudringen — im kleinen Ruderboot auf dem Rio de Tanamo oder Rio de Mayari oder auf dem Rücken eines Maultieres an anderem Orte —, dem wird dies besonders in den Monaten Mai bis November, wenn hier an den meisten Tagen ein schwerer Gewitterschauer und Wolkenbruch schnell auf den anderen folgt, noch nachdrücklicher zum Bewußtsein gebracht. Der Erosionseffekt der fließenden Gewässer ist in dieser Zeit allerwärts ein gewaltiger, es erfolgen Uferzerreißungen und größere und kleinere Bergrutsche an tausend Orten, und die Schluchten, in denen die Bäche und Ströme dahinrasen, werden sozusagen vor den Augen des Beschauers und von einem Tage zum anderen tiefer und weiter zugleich. Nicht bloß am Tageslichte thun aber die cubanischen Atmosphärilien solchergestalt ihr physikalisch-geographisches Werk, sondern in sehr bedeutendem Maßstabe geschieht dies auch unterirdisch, und die Gegend ist infolgedessen voll von mehr oder minder ausgedehnten Höhlengängen und Hohlräumen, von denen viele in einem prächtigen Stalaktiten- und Stalagmitenschmuck prangen, manche auch interessante vorgeschichtliche Reste bergen. Wir weisen besonders auf die Höhlen hin, aus denen der Rio Moa, der Abfluß der Sierra de Moa, hervorbricht, um sich alsbald in der Gestalt eines etwa 100 m hohen Wasserfalles in die Schlucht hinabzustürzen, durch welche er dem Meere zueilt; sowie daneben auf die Höhlen der Sierra de Frijol, etwas weiter südlich, und auf die berühmten Jumurihöhlen in der Nähe von Baracoa.

Die Berge in der unmittelbaren Nachbarschaft der Küste halten sich im allgemeinen in der Höhe von 200—300 m, die Silla de Jaragua, welche nördlich von der Mündung des wilden Rio de Toar die Hauptlandmarke für die Seefahrer bildet, ist aber auf 420 m bestimmt worden, und die Bergketten tiefer im Binnenlande - die Sierra de Toar, die sich dem Nordufer des gleichbenannten Stromes entlang zieht und von der die genannte Silla den östlichen Abbruch bezeichnet, die Sierra de Moa, die ihren nordwestlichen Parallelzug bildet, die Sierra de Cristal an der Nordseite des oberen Rio de Mayari und die Sierra de Catalina und Sierra de Frijol am oberen Rio de Tanamo — mögen gegen 600 m oder annähernd zu derselben Höhe wie der Junque von Baracoa emporragen. Wahrscheinlich waren alle diese Ketten einst mit dem Junque zu derselben großen Kalksteintafel verwachsen, und es ist einzig und allein die ober- und unterirdische Erosion gewesen, die sie getrennt und in sich zerklüftet hat.

Zur Zeit ist die fragliche Landschaft, die wir der Einfachheit wegen als Baracoasche Berglandschaft bezeichnen, in den allermeisten Gegenden noch eine pfadlose und ursprüngliche Wildnis, und weder die stattlichen Kiefern- und Palmenbestände, die schon Kolumbus bewunderte und in ihrem wirtschaftlichen Werte würdigte, noch die Bestände der Mahagoni-, Cedrelen-, Tecoma-, Guayacum-, Sapota-, Catalpa-, Siderorylon-, Balata-, Chlorophora- und Lorbeerbäume, die in dem wechselvollen Durcheinander ihrer Gestalt und Belaubung Höhen und Thäler bis dicht an die Meeresküste bekleiden, sind irgendwo in bemerkenswerter Weise gelichtet worden. Und wer die seltsame einheimische Tierwelt Cubas kennen lernen will, durch die sich die Insel zusammen mit den übrigen Großen Antillen als ein ähnlich selbständiger Erdraum bekundet, wie Madagaskar und Neuseeland, der findet hier dazu die beste Gelegenheit. Besonders sind die Hutias (Capromys) und Aires (Solenodon) in diesen Wäldern sehr zahlreich, nicht minder aber auch die von den nord- und südamerikanischen stark abweichenden Flatterer, die ungiftigen Schlangen, die Iguanas u. s. w.

Hier und da öffnet sich in der korallinen Küstenwand der Eingang in eine weite und zumeist auch tiefe Bucht, und manche dieser Buchten würde fähig sein, Riesenflotten zu bergen. Alle ohne Ausnahme haben aber die schlimme Schattenseite, daß sie in strenger Weise von dem Passatwinde beherrscht werden und daß schon das Einsegeln in sie, mehr aber noch das Aussegeln aus ihnen außerordentlich schwierig, ja zu Zeiten vollkommen unmöglich ist. Nur an der Minderzahl, wie an der Bucht von Juragua, an der von Tanamo und an der von Cabonico und Levisa, sind daher kleine Niederlassungen entstanden, deren Palmhütten von Bataten-, Jams- und Bananenpflanzungen und Kokoshainen umgeben sind, und irgendwelchen Kultureinfluß, der weit in das Innere reicht, hat keine der Buchten ausüben vermocht.

Auch selbst die herrliche Bucht von Nipe sowie diejenige von Banes, die zwischen

Abb. 32. Korbhändler.

Bucht von Nipe.

Abb. 33. Eingang in die Bucht von Santiago (mit Morro und Socapa-Batterie).

der malerischen Sierra de Nipe (der westlichen Fortsetzung der Sierra de Cristal) und der Kette des weithin sichtbaren Pan de Sama tief in das Land hineingreifen und die unter einem anderen Luftströmungsregimen den vorzüglichsten Naturhäfen der Erde zuzählen könnten, werden im Laufe des Jahres nur von wenigen Fahrzeugen besucht, und sowohl das Uferland des auf einer kurzen Strecke (12 km) schiffbaren Rio Mayari als auch der Südabhang der Sierra de Sama sind ungeachtet ihrer fruchtbaren Roterde nur in geringem Umfange von Tabak- und Bananenpflanzungen bestanden, während die weite Schwarzerdeniederung zwischen den genannten Bergzügen beinahe in ihrer ganzen Ausdehnung noch eine ähnliche jungfräuliche Urwaldwildnis bildet, wie das beschriebene Gebirgsland.

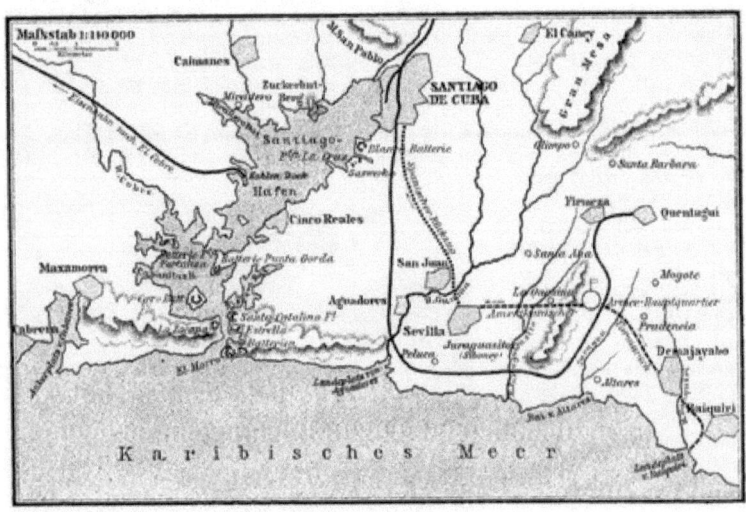

Abb. 34. Bai von Santiago.

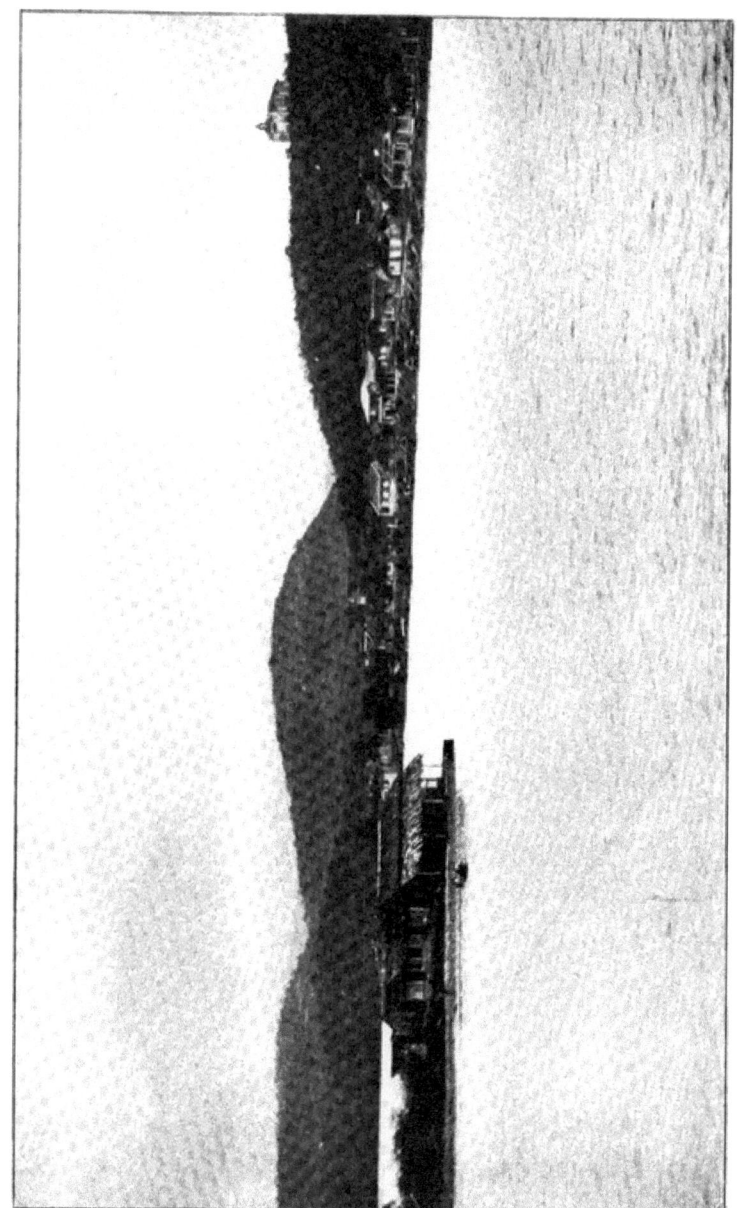

Abb. 35. Äußere Santiagobucht mit Lotsenhort.

Von physikalisch-geographischem Gesichtspunkte aus ist an den Buchten von Nipe und Banes sowie an dem Pan de Sama, der sie in einer Höhe von 280 m überragt, bemerkenswert, daß die Terrassenstufen des Küstenlandes daselbst wieder ebenso deutlich ausgeprägt erscheinen, wie an der Bucht von Baracoa, ja daß stellenweise über der dritten Kalksteinbank noch eine vierte sichtbar ist.

Westlich von dem leuchtturmgekrönten und weit gegen den Bahama-Archipel vorspringenden Kap Lucrecia, das zusammen mit dem Kap Cruz die größte Querausmessung des schmächtigen cubanischen Landkörpers bezeichnet (280 km), deutet eine Reihe von Tafelbergen, die der Sierra de Sama angehören, darauf hin, daß auch hier einst höhere Terrassenstufen vorhanden waren. Im allgemeinen ist das Küstengebirge hier aber beinahe noch wunderlicher zerklüftet und zersägt, als zwischen Baracoa und Banes ähnlich wie etwa das Kalksteingebirge der „Fränkischen Schweiz" oder gewisse Teile des Krainer Karstes, denen die cubanische Landschaft geologisch nahe genug verwandt ist. Von den nierenförmigen oder handförmigen Meeresbuchten, die hier in die Küstengegend einreifen, und darunter auch von der schönen und tiefen Bucht von Naranjo, gilt aber dasselbe wie von den früher erwähnten, und nur die weit geöffnete und gleich derjenigen von Baracoa gegen den Seegang ungenügend geschützte Jibarabucht, über der sich ein hübscher Sattel- und Zuckerhutberg nebeneinander erheben, hat in den letzten Jahrzehnten eine höhere Bedeutung als Ausfuhrhafen gewonnen, so daß an ihren Ufern eine Stadt entstanden ist, die trotz ihrer Jugend Baracoa an Volkszahl und an Rührigkeit übertrifft.

Südlich von Jibara (7500 Einwohner) nimmt nämlich das cubanische Binnenland teilweise einen anderen Charakter an, und es erstrecken sich daselbst nicht mehr ausschließlich Kalksteingebirge kultur- und verkehrsfeindlich von Ost nach West, sondern das archäische Grundgerüst der Insel tritt an vielen Orten zu Tage, und gerundete Kuppen und Hügel aus Granit, Syenit, Diorit und Serpentin sogenannte „Lomas" (Brotlaib-Berge und Cerros (Rundhügel) — reihen sich lose aneinander, engere und breitere Thalmulden mit sandigem Lehm-

Abb. 86. Straßenbild von Santiago de Cuba.

Abb. 37. Am Mercado von Santiago.

boden von schokoladenbrauner oder roter Farbe umschließend. Namentlich dehnt sich aber am oberen Rio Salado, der dem Rio Cauto zufließt, eine große und fruchtbare Roterdeebene aus. Hier ist das Waldkleid Cubas an vielen Stellen gelichtet, und der Anbau von Zuckerrohr und Mais, von Tabak und Baumwolle und von anderen Feldfrüchten sowie daneben die Rinderzucht hat statt seiner Platz gegriffen. Die Stadt Holguin (10 000 Einwohner) aber, die um die Mitte des XVIII. Jahrhunderts in der fraglichen Ebene begründet worden ist, erfreut sich einer verhältnismäßig hohen und zunehmenden Blüte. Bis Ende der siebziger Jahre mußten ihrem Verkehre die schwerfälligen cubanischen Ochsenkarren (Abb. 31) und Lasttiere (Abb. 32) genügen, jetzt verbindet sie aber mit Jibara eine Eisenbahn, und es wäre wohl möglich, daß diese Bahn demnächst in der Richtung auf Santiago und Manzanillo eine Fortsetzung erhielte. Ein Teil des entwickelungsfähigen Hinterlandes von Jibara ist übrigens durch den für kleine Fahrzeuge schiffbaren Rio Jibara, der dem Berglande von Holguin entströmt, zu erreichen.

Von Jibara westwärts ändert sich mit der Physiognomie des Binnenlandes auch die Physiognomie der Küstenlandschaft. Die Bergketten — auch hier noch aus tertiärem Kalkstein bestehend — treten weiter und weiter von dem Meere zurück, und das unmittelbare Gestade ist flach und niedrig und von breiten Sandbänken begleitet, dergestalt, daß die im allgemeinen nicht höher als 1 m steigenden Springfluten öfters darüber hinwegschlagen. Ganz besonders ist dies der Fall an den Buchten von Padre, von Malagueta, von Manati und von Nuevas Grandes, durch die die Küste sich hier gliedert und in deren Umgebung nur einige unbedeutende Hügel über die mit üppigem Mangrove- und Palmenwuchs bedeckte Seestrandsniederung emporragen. Das Leben der Ratten, Reiher, Pelikane, Papageien, Manglarjäger u. s. w. mag hier noch bunter und reicher sein als bei Baracoa, und ebenso auch das Leben der Schildkröten, Krokodile und Seekühe und das Leben der zahllosen Insekten — nicht zu vergessen den zur Nachtzeit prächtig leuchtenden Cucujo (Pyrophorus noctilucus) und die bösen Landplagen der Sandflöhe und Moskitos. Die Vorbedingungen für das Gedeihen namhafter Siedelungen sind aber in dieser Gegend entschieden schlechte, denn abgesehen davon, daß der Passatwind sich auch an den Einfahrten der Padre- und Manati-Bucht in keiner Weise als ein guter Handelswind — trade wind bewährt, so fehlt es daselbst vor allem an gutem Baugrund und an gesundem Trinkwasser.

An dem Rio Naranjo, der in die Bucht von Manati mündet, sowie auch an dem Rio Cabreras, der sich erst in zahlreiche Arme spaltet und dann zur Bucht gutem Grunde hat das spanische Kolonialregiment also die Gegend östlich von der Zusammenschnürung (die wir als Isthmus von Jobaba oder Tunas bezeichnen) als eine besondere Provinz behandelt und zu Zwecken der Civilverwaltung nach der Hauptstadt Santiago, zu Zwecken der Militärverwaltung aber Departamento Oriental genannt, und der Geograph könnte den Ostteil Cubas beim Hinblicke auf das an einen schmächtigen Eidechsen- oder Fischkörper erinnernde Kartenbild der Insel recht wohl als ihren Kopfteil gelten lassen. Um diesen Ostteil aber so viel als möglich

Abb. 38. Innere Santiagobucht.

von Nuevas Grandes erweitert, streckt sich der Mangrovesumpf in breiten Streifen weit in das Binnenland, und wir sind geneigt, hierin eine Art Naturgrenze für den in vielfacher Beziehung eigenartigen Ostteil Cubas zu erblicken. Von Süden greift ja annähernd unter dem gleichen Meridian der große Golf von Guacanayabo -Manzanillo- gliedernd in den Inselkörper ein, und wenn der letztere an der fraglichen Stelle schon dadurch halsartig zusammengeschnürt erscheint, so ist dies durch die Sümpfe, die sich von Norden und Süden her einander entgegenerstrecken, mindestens verkehr- und kulturgeographisch in einem noch viel höheren Maße der Fall. Mit als ein zusammenhängendes Ganzes kennen zu lernen und seine Eigenart einheitlich zu beurteilen, brechen wir unsere Fahrt bei Nuevas Grandes bis auf weiteres ab — wie dies Kolumbus seiner Zeit wenige Meilen weiter westlich that , und wir wenden uns nach Baracoa zurück, um dort aus das Kap Maisi zu umschiffen und von der Südseite her das Eindringen zu versuchen.

V.

Das Kap Maisi, in dem sich Cuba seiner Nachbarinsel Haiti bis auf 90 km nähert, ist unter dem augenscheinlichen Einflusse der gegen West gerichteten Meeres-

Abb. 32. Innere Santiagobucht.

Südliches Baracoaisches Bergland.

strömungen, die in der Windwarddurchfahrt vorherrschen, sandig und flach, und neben ihm liegen ausgedehnte Bänke, vor denen der Leuchtturm auf der Landspitze die Schiffer nicht umsonst warnt. Eine kleine Strecke weiter südwestwärts, gegen die Punta de Caleta hin, erhebt sich aber wieder dieselbe brandungbewegte Klippenwand aus Korallenkalk (Seboruco), welche wir an der Nordostküste kennen gelernt haben, und auch derselbe regelmäßige Stufenbau des Küstenlandes wie dort kommt wieder zum Vorschein. Über den drei oder vier Terrassenstufen und einige Kilometer weiter zurück erhebt sich zugleich auch wieder höheres Gebirge, mit ähnlichen Gipfelformen und Gipfelhöhen wie die Cuchillas de Baracoa, deren südliche Parallelkette es bildet. An manchen Orten, und je weiter man gegen Westen gelangt, desto allgemeiner, stürzt das Gebirge aber ohne die Vermittlung von Terrassen zum Meere ab — in der Gestalt senkrechter, dunkler Felsenstirnen, wie es die Punta Negra und der Salto de Jojo (an der Mündung des gleichbenannten Flüßchens) sind, oder in der Gestalt von tafel-, sarg- und zuckerhutförmigen, von einfachen und doppelten Spitzen und von abgerundeten, zum Teil von mächtigen losen Felsblöcken gekrönten Kuppen, unter denen der Junque de Seco (am Rio Seco), der Piedra de Sabanala-Mar (am Rio Ocambo), der Pan de Baitiquiri und die Silla de Guantanamo besonders hervorstechen.

Den genannten hohen Steilwänden fehlt die Pflanzenbekleidung beinahe gänzlich, die sanfter abgedachten Küstenberge aber sind durchgängig vom Fuße bis zum Gipfel mit Tropenwald bewachsen — mit rundblätterigen Seestrandswinden und Seestrandstrauben (Coccoloba uvifera) neben Kokospalmen unten, und mit fiederblätterigen Mimosen- und Campecheſträuchen, sowie mit Rohr-, Mu-

cuja-, Kohl- und Königspalmen und mit Mahagoni-, Cedrelen-, Cassia-, Guajacum- und Büchsenholzbäumen höher hinauf, und ähnlich verhält es sich auch mit den Gebirgsketten, die in einer Gipfelhöhe von ungefähr 600 m 15—25 km landeinwärts der Küste parallel streichen — in der Sierra de Imias, der Sierra Mariana und der Sierra de Vela. Der Höhlenreichtum, der das Kalksteingebirge auch hier auszeichnet, wird an verschiedenen Orten schon von der See aus bemerkbar — vor allem in der gewaltigen Cueva de Pintado und in der Höhle der Punta Negra, in die das Meer ähnlich mächtig hinein brandet wie in die schottische Fingalshöhle. Man erkennt ohne weiteres, daß die ganze Gegend bis gegen den Sattelberg von Guantanamo hin nichts ist, als ein Teil des Baracoaschen Berglandes derselben von der Seite her treppenförmig aufsteigenden Kalksteintafel durch die atmosphärischen Gewässer ober- und unterirdisch zurecht gemeißelt, und unter der Wirkung der gleichen Regengüsse und der gleichen Sonnenglut auch dieselbe üppige Vegetation aus seinem Verwitterungsboden heraus treibend, die menschliche Kultur aber in arger Weise hemmend.

Auffällig und befremdlich muß man nach den Erfahrungen an der Nordküste die schlechte Gliederung der Südküste finden. Die Mehrzahl der ins Land einschneidenden Buchten ist klein und gegen Wind und

Abb. 40. Kokospalmenhain.

Abb. 41. Mahagonibaum und Viehzuchtgehöft.

Wellen von der See her weit geöffnet, und nur diejenigen von Baitiqueri und Escondido tragen einen ähnlichen Typus wie die Buchten von Baracoa, Tanamo u. s. w., so daß sie den Schiffen wirkliche Sicherheit gewähren. Leider lagern aber gerade vor ihren Eingängen eine Anzahl gefährlicher Korallenriffe, während solche sonst zusammen mit der korallenen Küstenwand und mit den darüber liegenden Terrassenstufen westlich von der Punta Negra so gut wie gänzlich fehlen. Wir können uns diese Abweichungen nicht anders erklären, als dadurch, daß an der Südküste ein beträchtlicher Teil des in der Tertiärzeit aus den Fluten aufgestiegenen Landes wieder hinabgebrochen ist in das angrenzende tiefe Meer, das Cuba von Haiti und Jamaica trennt.

Eine gewaltige Bucht, die ihresgleichen an der Nordküste nur in der Bucht von Nipe hat, erstreckt sich aber hinter der Silla de Guantanamo über 25 km weit landein, und dieselbe läßt hinsichtlich der Bequemlichkeit und Sicherheit ihres Zuganges, sowie hinsichtlich der Tiefenverhältnisse und des Ankergrundes kaum irgend etwas zu wünschen

übrig. Die Kraft des Passatwindes ist hier gebrochen, es wehen abwechselnd Land- und Seewinde, und nur in den Sommermonaten wühlen die heftigen westindischen Orkane das Meer außerhalb zeitweise furchtbar auf, das Eindringen in das Innere wehren den Sturmwogen aber auch dann die zahlreichen Landvorsprünge, die die Bucht auf das mannigfaltigste gliedern und in eine Außen- und Innenbucht (Caimanera- und Joabucht) scheiden. Zugleich tritt das höhere Gebirge daselbst weit in das Binnenland zurück, und es bleibt Raum für breite Thalebenen mit reichem Schwarzerdeboden, der durch die Vermischung des herbeigeschwemmten Verwitterungslehmes mit verwesten Pflanzenstoffen entstanden ist, und der von Natur einen beinahe undurchdringlichen tropischen Bruchwald trägt — Mangroven, Fächer- und Federpalmen und von Farnkräutern, Orchideen und Melastomaceen überwucherte, sowie von Lianen umwundene Bäume und Sträucher der verschiedensten anderen Arten. An diesem Orte waren der tropischen Pflanzungskultur also wohl von vornherein noch viel günstigere Vorbedingungen gegeben als bei Holguin, und wenn die Besiedelung der Gegend bis zum Schlusse des vorigen Jahrhunderts über wenige dürftige Anfänge nicht hinausgekommen ist, so begreift sich dies nur daraus, daß es den Spaniern für die allseitige Nutzbarmachung der ihrem Scepter unterstehenden weiten Gebiete an Kolonisationskraft gemangelt hat. Als die Negerrevolution in Haiti ausbrach, da wandten sich aber die französischen Flüchtlinge zu allermeist in die Umgebung der Guantanamobucht, und durch ihren Fleiß und ihr Gärtnergeschick zählten die Zuckerrohr- und Kaffeepflanzungen am Rio Yateras, der sich östlich von der Bucht in das Meer ergießt, sowie auch am Rio Guaro und Rio Jaibo, die in die Bucht selbst münden, bald zu den größten und blühendsten der Insel, und die Stadt Guantanamo (6000 Einw.), bezugsweise sein mit ihm durch eine Eisenbahn verbundener Hafen Caimanera, gewann als Zuckerausfuhrplatz den Vorrang vor Santiago.

Im Westen von Guantanamo erhebt sich aus der Niederung ziemlich unvermittelt und steil ein Gebirge, das an Höhe und Schönheit alle bisher erwähnten weit übertrifft, wenn man seine Thal- und Gipfelformen auch vielleicht als ruhigere bezeichnen kann. Die Loma de la Canasta, der der Rio Jaibo entquillt, und die Loma del Indio südlich davon steigen bereits gegen 1000 m auf, der majestätische Blocksberg der Gran Piedra aber, weiter westlich, erreicht 1585 m. Tertiäre Kalksteine nehmen auch an der Zusammensetzung dieses Gebirges teil, und in den lang gestreckten Mesas und Tafelbergen der Gegend von Santiago lassen dieselben auch den mehrfach berührten Stufenbau wieder erkennen, in hervorragenderer Weise bestimmen aber kretaceische Thon- und Sandsteine und Konglomerate, sowie alte Eruptivgesteine besonders Diorit das Gepräge der Landschaft, und die letzteren umschließen südöstlich von der Gran Piedra mächtige Eisen- und Manganerzablagerungen. Die Küste begleiten teils abgerundete Brotlaibberge (Lomas), teils steilwandige Tafelberge, und gute Ankerplätze gibt es an ihr nicht, zur Verschiffung der Eisenerze von Juragua ist aber bei Baiquiri eine große Kunsthafenanlage geschaffen worden. Im Juli 1898 benutzten die Amerikaner diese Anlage zur Landung ihrer Truppen, und Baiquiri (Nueva Salamanca), sowie die ganze westliche Fußhügelgegend der Gran Piedra bei Guasima und El Caney erlangte so durch den blutigen Entscheidungskampf, der daselbst ausgefochten wurde, historische Bedeutung.

Die Bucht von Santiago ist als eine Art Hauptbresche in dem imposanten südostkubanischen Gebirge schon aus weiter Ferne erkennbar, und indem man sich derselben von Süd her nähert, entfaltet sich ihre Uferumrandung zu einem Bilde von wunderbarer Harmonie und Schönheit. Es erscheint die wohlbekannte niedrige Klippenwand, an der die Meereswellen sich hier für gewöhnlich und in sanftem Spiele

Abb. 42. Mangrove-Revs (Cayos) und Küstensumpf (Cienaga).

brechen, darüber erhebt sich aber rechts von der Einfahrt mauergleich eine höhere Terrassenstufe (gegen 70 m), auf der im Vordergrunde der Morro thront — der altersgraue Wächter der Bucht, der länger als ein Vierteljahrtausend seines Amtes gewaltet hat, und der sich zwar schon den Boucaniéren und Engländern gegenüber (1662 und 1762) nicht als vollkommen uneinnehmbar bewiesen hat, der sich aber trotz seiner mangelhaften Armierung im Verein mit seinen tiefer gelegenen Vorwerken auch noch den Amerikanern gegenüber wohl genug bewährt hat (Abb. 33). Zur Linken schiebt sich eine niedrigere Terrassenstufe vor, die neuere Befestigungen (die sogenannte Socapabatterie) trägt, und dahinter werden die gerundeten Hügel der Ziegeninsel und der Vorgebirge von Estrella, Santa Catalina und Gorda sichtbar, alle gleichfalls mit drohenden Bollwerken versehen, wenn auch nicht alle mit solchen, die dem Geschützfeuer der Neuzeit gewachsen sind. Ringsum aber türmen sich grüne Waldberge von der verschiedensten Gestalt und Höhe übereinander. Ist man dann unmittelbar unter den Festungsmauern durch die enge und tiefe Einfahrt, die die Amerikaner durch die Versenkung des „Merrimac" vergeblich zu sperren suchten,

in die Bai gelangt, so gesellen sich den kriegerischen Zügen des Landschaftsgepräges auch friedliche zu — Fischerkähne und leicht gebaute Fischerhütten, einzelne Landhäuser und ein Lotsendörfchen (Abb. 35) —, und das Auge wird nicht müde, sich an dem bunten Wechsel zu weiden. In ihrer ganzen Pracht zeigt sich die Bai aber erst, wenn man jenseits der Punta Gorda ihren weiten Binnenteil erreicht hat und der Blick über die herrliche blaue Wasserfläche hinweg mehr in die Ferne schweifen kann — hinüber zu den hell leuchtenden Häusern und Türmen der großen Stadt, die in ihrem innersten Nordostwinkel liegt, und zu den stattlichen Schiffen, die davor ankern, empor zu der hohen Mesa, an der die Straßen von Santiago hinaufstreben (Abb. 36 und 37), und höher empor zu den schön gezackten Bergen der Piedra- und Cobregruppe (Abb. 37 und 38), von deren Abhängen kleinere Ortschaften, sowie zerstreute Haciendas und Bohios aus ihren Mango- und Brotfruchtgärten und aus ihren Königspalmen- oder Kokospalmenhainen (Abb. 39) herabwinken. Man versteht an dieser Stelle besser als an jeder anderen die Begeisterung, welche Kolumbus betreffs der cubanischen Landschaft hegte, und man gesteht sich gern, daß es wenigstens an den Gestaden des

Abb. 13. Palmstrohhütte und Ceibabaum.

amerikanischen Mittelmeeres keine Hafenbucht gibt, die dieser an stolzer Schönheit gleichkommt. Darf man sich also darüber wundern, daß die Spanier hier „Hütten bauten", und daß Velasquez seinen Statthaltersitz nach kurzem Besinnen von Baracoa hierher verlegte (1514), daß Santiago bis in das XVII. Jahrhundert hinein (1607) die Regierungshauptstadt von ganz Cuba, später aber wenigstens diejenige der Osthälfte der Insel gewesen ist, daß die Stadt bereits seit 1522 eine stattliche Kathedrale besitzt, und daß der oberste Seelenhirt Cubas (seit 1804 zum Erzbischof erhoben) seine Residenz bis auf den heutigen Tag daselbst behalten hat? Viel kleiner als die Bucht von Guantanamo und nur etwa 7 km weit ins Land reichend, ist die Bucht von Santiago doch fähig, Flotten jeder Größe in sich aufzunehmen, und im Zusammenhange mit der näheren Bergumgebung ist sie nicht bloß landschaftlich viel großartiger, sondern zugleich auch viel tiefer und dicht an ihrem Ufer sowohl mit besserem Trinkwasser als auch mit besserem und gesünderem Baugrunde ausgestattet. Im übrigen darf man sie ein getreues Abbild der Guantanamobucht nennen, sowohl was die Richtung ihrer Hauptachse als auch was ihre Gliederung in eine Innen- und Außenbucht und in eine Reihe von Nebenbuchten angeht. Ist dies aber nicht ein Zeugnis dafür, daß an den beiden Buchten dieselben erdgeschichtlichen Bildungsprozesse thätig gewesen sind?

Die Verbindungen von Santiago in das Binnenland sind keine leichten, ganz besonders in der Regenzeit, wenn die Bäche und Ströme des Gebirges hoch anschwellen und wenn der rote Boden sich in einen tiefen Morast verwandelt, immerhin sind sie aber leichter, als von den anderen Punkten der Südküste, Guantanamo nicht ausgenommen, und jedenfalls haben sich schon früher einigermaßen brauchbare Straßen nach den Kupfergruben im Westen, nach den Eisengruben im Osten und nach den

Abb. 44. Ein Ceibabaum.

fruchtbaren Thal- und Hügelgegenden an den Quellströmen des Cauto im Norden, sowie durch die letzteren nach Bayamo und Puerto Principe (als sogenannter Camino central) anlegen lassen. Zu Eisenbahnen haben sich diese Verbindungen freilich nur in der näheren Nachbarschaft von Santiago vervollkommnet (bis Cobre, Juragua, El Caney und Sabanilla), und in dem Mangel einer Schienenstraße nach Holguin und Gibara sowie nach Bayamo und Puerto Principe hat die Hauptschwäche der Stadt bei ihrer Verteidigung gegen die Amerikaner gelegen. Die Stadt erlag ja dem ersten Ansturm der Feinde nur, weil weder Proviant noch Verstärkungen mit genügender Schnelligkeit herangezogen werden konnten.

Bei den Schwierigkeiten, die der Landverkehr in dem Ostteile von Cuba ganz im allgemeinen findet — dergestalt, daß sie auch von den zukünftigen Herren der Insel niemals vollkommen zu überwinden sein werden —, bei diesen Schwierigkeiten war der Seeverkehr für die größeren Aufgaben der Verwaltung sowie für die in größere Ferne reichenden Handelsbeziehungen immer die Hauptsache, und für diesen bietet die Santiagobai nicht bloß den Vorteil einer genauen Mittellage an der Südküste (von Kap Maisi sowie von Kap Cruz an gefähr 170 km), sondern auch den Vorteil einer annähernden Mittellage zwischen den Häfen der Nordostküste und der Cautomündung oder Manzanillo. Die eigentlichen Kulturdistrikte Ostcubas liegen bei-

4*

nahe sämtlich unsern der Küste. Als selbstverständlich dürfen wir es endlich bezeichnen, daß für die Anfänge der Entwickelung von Santiago auch die bequeme Verbindung mit San Domingo sowie die verhältnismäßige Nähe des Mutterlandes von Wichtigkeit war. Dauernd konnte es freilich den Schwerpunkt des cubanischen Kulturlebens nicht bilden, und ebendeswegen hätte sich auch das Schicksal von Cuba wohl schwerlich vor seinen Mauern entschieden, wenn nicht die Herrschaft der Spanier auch in der Westhälfte der Insel in der geschilderten Weise gründlich untergraben gewesen wäre.

Was die Kehrseite des schönen Bildes von Santiago betrifft, so ist die Stadt öfter und stärker als jede andere von den verwüstenden Erdbeben betroffen worden, die der Gegend charakteristisch sind, und man kann sagen, daß es geradezu den Haupherd derselben bilde. Zahlreiche Häuser und Teile der Kathedrale stürzten dadurch ein in den Jahren 1580, 1678 und 1755, und das letzte größere Beben, welches Schrecken verursachte, fand 1895 statt. Ferner wüten vor der Bucht, und nicht gerade selten auch über ihr, in den Monaten August bis Oktober dieselben schlimmen Orkane wie bei Guantanamo. Und endlich ist das Klima durch die Bergumschlossenheit der Bucht das heißeste und schwülste von ganz Cuba (mit einer Minimaltemperatur von 20° und einer Maximaltemperatur von 34° C), was die Akklimatisation der weißen Kulturmenschen an dem Orte ganz besonders schwer macht und gutenteils auch ihre Thatkraft in einem besonders hohen Grade lähmt, ganz abgesehen davon, daß der Stumpfsinn und die Unwissenheit der Regierten sowie der Regierenden die sanitären Verhältnisse auch sonst sehr im argen liegen gelassen haben. Von der Bevölkerung, die sich 1895 auf 60000 belief, gehört demgemäß auch die große Mehrzahl (etwa im Verhältnis von 2 : 1) der farbigen Rasse an. Zur Zeit Herreras wurde die Zahl ihrer Bürger auf 200 geschätzt, um das Ende des XVIII. Jahrhunderts betrug ihre Seelenzahl aber 10000, um die Mitte des XIX. gegen 30000.

Die Kupfergruben des nahen Cobre (4000 Einwohner), die seit 1596 im Betriebe waren, sind vollständig in Verfall geraten, und der genannte Ort hat daher heute nicht mehr durch die auszuführenden Erze, sondern nur noch durch sein weithin berühmtes wunderthätiges Marienbild Bedeutung für Santiago. Die Ausfuhr der Eisenerze von Jaragua dagegen findet vorwiegend über Nueva Salamanca statt. Einen hervorragenden Rang als Handelsplatz wird Santiago aber durch den ungeheuren Reichtum und die große Vielseitigkeit der pflanzlichen Produktion seines Hinterlandes jederzeit haben, und es ist keinem Zweifel unterworfen, daß sowohl die Kulturen des Zuckers, des Kaffees, des Kakaos, des Tabaks und der tropischen Früchte jeder Art als auch die Viehzucht und die Gewinnung von tropischen Nutzhölzern (Mahagoni-, Cedrelen-, Tecoma-, Eisen-, Gelb-, Blauholz u. s. w.) daselbst einer sehr starken weiteren Steigerung fähig ist. 1890 gab es in dem Distrikte 64 Kaffeepflanzungen (34 Prozent von der Gesamtzahl Cubas), 38 Tabakvegas und 28 Ingenios.

Nachdrücklicher als angesichts jeder anderen cubanischen Landschaft kommt es dem geographischen Reisenden angesichts des mächtigen Gebirges westlich von der Santiagobai zum Bewußtsein, welch schwere Unterlassungssünde die spanischen Herren der Insel dadurch auf sich geladen haben, daß sie die gründliche wissenschaftliche Durchforschung derselben versäumt haben, und wie sie ihren kostbaren Kolonialbesitz im Grunde genommen vor allen Dingen dadurch vor der Richterin Weltgeschichte verwirkten, daß sie die Entdeckerarbeit der Kolumbus und Ocampo nicht im Geiste der fortschreitenden Zeiten weiter zu führen verstanden. Und indem er dem jähen seeseitigen Südabsturze des Gebirges entlang mit seinem Dampfer auf den Wellen dahingleitet, gewinnt er zugleich auch Muße, darüber nachzudenken, wie die Unterlassungssünde wohl zu erklären und vielleicht bis zu einem gewissen Grade zu entschuldigen ist. Dem deutschen Bergsteiger, der mit seinen Stahlnerven frisch von daheim kommt, erscheint das Erklimmen der Höhen, die er von der Santiagobucht oder von der offenen See gegen das Kap Cruz hin überschaut, sicherlich sehr verlockend; sobald er länger in der Gegend weilt und Erfahrungen sammelt, verschließt

Abb. 45. Uferlandschaft des Rio San Juan.

Abb. 46. Niederungsstrom mit Zuckerrohrfeld.

er sich aber schwerlich der Einsicht, daß es mit dem Durchwandern und Besteigen tropischer Waldberge ein anderes Ding ist, als mit dem Durchwandern und Besteigen deutscher Wald- und Alpenberge. Es sind eben andere, und gutenteils viel unheimlichere Berggeister, die hier walten und die vorhandenen Geheimnisse und Schätze bewachen, als in dem Harz und Riesengebirge oder in dem Berner Oberlande.

Die Sierra Maestra, um die es sich hier handelt, und der wir vom physikalisch-geographischen Standpunkte aus auch die mehrfach genannte Cobre- und Granpiedragruppe zuzurechnen haben, hat insgesamt eine Längserstreckung von 240 km, entspricht in dieser Beziehung also ziemlich genau dem schweizerischen Alpenzuge zwischen Martigny und Rheineck. Ihre Gipfel aber erreichen nach den spärlich vorliegenden und unzuverlässigen Messungen in der Cobregruppe 1018 m, in dem Pico Turquino, ziemlich genau mittwegs zwischen Santiago und dem Kap Cruz, 2560 m, und in dem Ojo del Toro, nahe dem Westende des Gebirges, 1582 m, und zahlreiche namenlose Spitzen nordöstlich und nordwestlich von dem Pico Turquino kann man aus der Ferne auf reichlich 2000 m, verschiedene Berge zwischen dem Pico de Turquino und dem Ojo del Toro, wie die Silla del Rosario und den Sibon, aber wenigstens auf 1500 m schätzen. Sind nun diese Höhen dem absoluten Ausmaße

nach im Vergleiche mit den Alpen keine sehr bedeutenden, so sind sie es doch dem relativen nach, denn das Auge betrachtet sie unmittelbar vom Meeresspiegel aus, und der Fuß hat so unmittelbar von dort aus zu steigen. Der Pico Turquino ragt über das Karibische Meer ebenso hoch empor wie der Tödi über das benachbarte Vorderrheinthal, und der Abstand des Gipfels von der betreffenden Basis ist bei dem Pico Turquino geringer (7,5 km), so daß sein allgemeiner Anstieg steiler sein muß.

Der Südfuß der Sierra Maestra, den das Gebirge hineintaucht in das herrliche Azurblau der tiefen Cubasee, offenbart sich bei näherer Betrachtung westlich von Santiago als ein noch viel ungastlicheres Gestade als östlich davon. Allerorten steigen steile Hänge und Wände empor, die ersteren dicht bebuscht, die letzteren aber das nackte weiße oder braune Gestein zeigend — die offenbare Wirkung neuerlicher Bergstürze, da das feuchtwarme Tropenklima dergleichen Wände niemals lange duldet und sie rasch wieder mit Grün bekleidet. An verschiedenen Orten verraten Höhlenöffnungen auch hier den Kalkstein, ein ursprünglicher Terrassenbau des Gebirges ist aber im allgemeinen nicht zu erkennen, und nur bei dem Kap Cruz können ein paar mauergleich verlaufende Stufen unterschieden werden. Auch dort zeigen die Schichten aber mehrfach starke Störung und zum Teil vollkommen senkrechte Aufrichtung. Jungkorallene Bildungen treten ebenfalls nur stellenweise auf — namentlich nur dem Cayo Damas, südöstlich vom Turquinopik, und in der Gegend des Kap Cruz. Die Buchten aber, die die Steilküste gliedern, sind ausnahmslos dort gegen die See aufgerissen, und Schutz gegen südliche Winde oder Orkane gewähren nur einige wenige durch vorgelagerte Inselchen, so besonders der kleine Nothafen Portillo unter dem

Meridian von Manzanillo. Wir haben nach dem früher Gesagten kaum nötig, hervorzuheben, daß uns alle diese Eigentümlichkeiten des seeseitigen Absturzes der Sierra Maestra in merkwürdiger Übereinstimmung zu bezeugen scheinen, wie auch hier weite Striche des tertiären Kalksteinvorlandes sowie vielleicht in beträchtlichem Umfange zugleich spätere Bildungen (namentlich korallinc von dem blauen Meere verschlungen worden sind. Die orkanbewegten Wogen stürmen nun wütend genug gegen den Gebirgsfuß an, und sie reißen dabei wohl manche Klippe fort. Den ganzen Betrag der Zerstörung vermögen sie aber nicht zu erklären, und man hat dabei vielmehr zurückzudenken an die heftigen Erdbeben, die die Gegend so oft betreffen und deren Bedeutung für die Bildungsgeschichte der Sierra Maestra erst voll gewürdigt werden wird, wenn man in Südostcuba gelernt haben wird, genaue seismologische Beobachtungen anzustellen. Auf die ungeheuren Tiefen der Cubasee, die bis reichlich 5000 m hinabsinken und die unter dem Meridian des Turquinopiks 7,5 km südlich von der Küste ungefähr dasselbe Ausmaß haben wie der Pik ebenso weit nördlich davon, können nur durch einen großen Dislokationsprozeß begriffen werden, der seit der späteren Tertiärzeit vor sich gegangen und noch beständig im Fortschreiten begriffen ist, wenn auch vielleicht gegen früher sehr verlangsamt.

Die Orkane und Gewitterböen, welche so überaus häufig gegen den Südfuß der Sierra Maestra heran und über ihre Berge hinwegbrausen, machen unserer Meinung nach daselbst eine gewisse Dauerwirkung namentlich darin geltend, daß sie hochstämmigen Baumwuchs bloß in geschützten Rillen und Thalungen dulden, während sie an den offen liegenden Hängen, ebenso auf den Gipfeln im allgemeinen nur ein undurchdringliches Gewirr von Sträuchern und Schlingpflanzen, sowie eine üppige Epiphytenvegetation aufkommen lassen.

Die zahllosen Ströme und Bäche, welche in engen Schluchten von dem Kamme des Gebirges herabkommen, sind sämtlich kurzläufig, und ihre Wasserführung schwankt nicht bloß mit der Jahreszeit, zwischen weit auseinander liegenden Extremen, sondern in vielen Fällen von Tag zu Tag oder von Stunde zu Stunde, je nach den Wolkenbrüchen und Regengüssen, die in ihren Quellgebieten niedergehen. Einmal versagen sie in solcher Weise dem Wanderer in der Sonnenglut den erfrischenden Trunk, und das andere Mal wehren sie ihm gebieterisch jedes Vordringen, den

Abb. 17. Rancho.

Straßen- und Eisenbahnbauern aber mag bei ihrem Anblick von vornherein der Mut entfallen. Von der Höhe herab bringen sie gewaltige Massen roten Schlammes, sowie zugleich auch groben Gerölles und Schuttes, und aus dem letzteren läßt sich schließen, daß die Hochsierra zu einem großen Teile aus Felsarten zusammengesetzt ist, die älter sind als das Tertiär, was mit den Beobachtungen, welche an den Bergwerken des Cobredistriktes gemacht worden sind, gut übereinstimmt. Namentlich die Hauptkerne des Gebirges in der Gegend des Pico Turquino und bei dem Ojo del Toro sind offenbar archäisch und im wesentlichen aus Diabas, Diorit und Syenit zusammengesetzt. Auch an Porphyren, Toleriten und Basalten scheint es aber nicht zu fehlen und ebensowenig an kretaceischen Schichtgesteinen, so daß das Gebirge westlich von Santiago genetisch in keiner Weise von der Granpiedragruppe getrennt werden kann. Wahrscheinlich bildeten die Hauptteile der Sierra Maestra zusammen mit anderen noch zu erwähnenden Teilen von Cuba und vereint mit Jamaica, sowie mit Haiti und Puertorico nebst den Jungferninseln in der mesozoischen Zeit einen größeren Landraum. Gegen das Ende dieser Zeit und in dem größten Teile der Tertiärzeit wurde derselbe aber bis auf eine Reihe kleiner Reste vom Meere überflutet, und erst im späten Tertiär tauchte die Insel in der bereits berührten Weise wieder aus dem Wellen empor, im allgemeinen viel breiter als heute, und vorübergehend nochmals mit den anderen Großen Antillen verbunden. Die Einzelheiten darüber bedürfen aber noch der Feststellung, und bei der weiteren Erforschung der Sierra wäre es recht wohl möglich, daß man daselbst noch auf verschiedene Mineralschätze stieße.

An der Nordseite löst sich die Sierra in verhältnismäßig sanfter allgemeiner Abdachung allmählich in einzelne Züge und Gruppen von Brotlaib- und Tafelbergen auf, zwischen denen die tief eingeschnittenen Thäler der Quell- und Zuflüsse des Rio Cauto liegen. Die namhaftesten derselben sind die Lomas von Palma Soriano und Santa Rita am Cauto selbst, die Lomas von La Guira und Las Piedras am Rio Contramaestre und die Lomas von Horneros, Jigui und Nagua am Rio Cautillo. Tertiärkalk ist auch hier das verbreitetste Gestein, an vielen Orten, namentlich aber im Quellgebiete des Cautillo, finden sich große Höhlen (die Cuevas de Torrelado), und der allgemeine Charakter der Landschaftsformen ist Schroffheit und wilde Zerklüftung — die Wirkung einer gewaltigen tropischen Erosion seit den jungtertiären Zeiten, die in der Regenzeit von Tag zu Tag noch weitere große Fortschritte macht.

Das Pflanzenkleid der

Abh. 48. Cubanische Landleute.

Abb. 49. Eine Volante.

Sierra Maestra ist nach seiner genaueren Zusammensetzung und Verbreitung wissenschaftlich noch ebensowenig bekannt wie das Gestein, man weiß aber, daß namentlich Kiefern und Farnbäume stark in ihr vertreten sind, und daß ihre reichen Bestände der mehrfach genannten tropischen Nutzhölzer an den meisten Orten noch vollkommen unberührt geblieben sind. Die schwere Zugänglichkeit des Gebirges sowie von dem Lande her macht wenigstens letzteres begreiflich.

Von Menschen bewohnt war die Sierra zu keiner Zeit, und auch die Indianer suchten in ihren Schluchten und Thälern, die ohne Aufhören von Wolkenbrüchen, Überflutungen, Stürmen, Erdbeben und Bergrutschen heimgesucht werden, immer nur ihre letzte Zuflucht. Die entlaufenen Negersklaven späterer Tage, sowie auch die schwarzen und weißen Räuberbanden, die die Sierragegend jederzeit unsicher gemacht haben, und in den Zeiten des Aufruhr die Insurgenten, fanden inmitten der niedrigeren und wirtlicheren Lomas weiter nördlich allerwärts Verstecke, die ihren Verfolgern zur Genüge unnahbar waren. Pflanzungskultur, vor allem Tabak- und Kaffeekultur, ist in größerem Maßstabe nur in die nördlichen Thalgegenden eingedrungen, und zu einem beträchtlichen Teile ist ihr Aufschwung auch hier aus Haiti vertriebenen Franzosen zu verdanken. An dem Südhange ist lediglich auf einige zerstreute Hütten (Ranchos), von denen etwas Viehzucht betrieben wird (Abb. 47), sowie auf eine Ochsenschlachtstätte (Asseradero) und zwei oder drei Tabakvegas hinzuweisen. Als Verkehrsstraßen von einem Hange zum anderen mußten aber bislang auch selbst in der Nähe von Santiago und Kap Cruz beschwerliche Reit- und Fußwege genügen, und die mittlere Hochsierra ist gänzlich pfadlos. Der weitaus vorwiegende Teil der eigentlichen Gebirgsbevölkerung besteht aber selbstverständlich aus Mulatten und Negern. Fremde durfte das Gebirge in solcher Weise sicherlich von dem Eindringen abschrecken, und einheimische Cubaner fühlten sich um so weniger dazu berufen, als ihre geistigen Führer die Priester — sie zum Ersteigen von Bergen, die höher emporragen als der Wallfahrtsberg von Cobre, in keiner Weise anspornen.

Abb. 50. Trinidad und der Pico de Potrerillo.

Wenn die Sierra Maestra gegen Süden in das tiefste Meer hinabstürzt, das Cuba bespült, so fällt sie gegen Norden mit ihren letzten steilwandigen Lomas in die ausgedehnteste Stromniederung hinein, die die Insel besitzt. Die ausgesprochensten Gegensätze berühren sich also an beiden Seiten. Diese Niederung, die sich auch in ihren innersten Teilen nur wenige Meter über den Meeresspiegel erhebt, und die in ostwestlicher Richtung von dem größten cubanischen Strom, dem mehrfach erwähnten Rio Cauto mit 330 km Lauflänge und 11 000 qkm Gebiet — durchströmt wird, ist in der Hauptsache ein junges Schwemmland, das seinen Ursprung vor allen Dingen den ungeheuren Schlamm- und Schuttmassen verdankt, die die nördlichen Abflüsse der Sierra Maestra in der Regenzeit fortwälzen und schwebend seewärts führen. In einer nahen erdgeschichtlichen Vergangenheit griff der große Golf von Guacanayabo viel tiefer in die Insel ein, den Hals, der ihren Kopfteil am Rumpfe hält, zu einem längeren und schmächtigeren machend, und die Schuttkegel und Deltas des Cauto sowie auch des Rio Jicotea, Rio Nara und Rio Ibacoa schieben sich noch beständig weiter vor, an der Vergrößerung der Schwemmlandniederung und an der Ausfüllung des seichten, von großen Sand- und Schlammbänken erfüllten Meerbusens rüstig weiter arbeitend. An den Rändern, wie bei Nara und Jiguani (2000 Einw.), ist der Boden beinahe durchgängig fruchtbare Roterde, auf der ein vorzüglicher Tabak gedeiht, nach der Mitte und nach der Küste zu, wie bei Bayamo und Manzanillo, breiten sich weite Strecken von noch fruchtbarerer Schwarzerde aus, und auf ihnen hat der Zucker- und Reisbau eine gute Stätte gefunden. Sehr bedrohlich und oft verhängnisvoll sind für diese Kulturen aber die großen Überschwemmungen, die die genannten Ströme sowie auch der von dem Hügellande in Holguin kommende Rio Salado in der Regenzeit verursachen, und an diesen Überschwemmungen liegt auch der Hauptgrund davon, daß die Niederung auf weiten Strecken dauernd versumpft ist (besonders in der Cienaga del Ruey), im übrigen aber noch immer zum allergrößten Teile als Savanne und Bruchwald wild brach liegt. Der Cauto ist auf einer Strecke von 120 km bis zur Vereinigung mit dem Cautillo gut schiffbar, und ursprünglich konnten auch Seeschiffe in seine Mündung gelangen, eine furchtbare Überschwemmung im Jahre 1616 schloß die Mündung aber durch die herbeigeführten Schuttmassen dergestalt, daß die in dem Flusse befindlichen zahlreiche Fahrzeuge denselben niemals wieder verlassen konnten. Die so geschaffene Barre künstlich zu beseitigen, ist aber unter den obwaltenden Verhältnissen nicht thunlich gewesen. Die gleiche Überschwemmung zerstörte übrigens auch das bereits im Jahre 1513 von Santiago begründete Bayamo (9000 Einw.), so daß dasselbe größtenteils neu aufgebaut werden mußte. Der Abzug der Produktion und der Verkehr nach außen wurde durch die Sperrung der Cautomündung für die ganze Niederung schwer behindert, und auch die Anlagen von Manzanillo (10000 Einw.), das in seinen Hafen mittelgroße Seeschiffe zuläßt, hat nur für einen beschränkten Teil der Gegend eine erhebliche Verbesserung mit sich gebracht. Die Landstraßen sind ja in der Cautoebene während der Regenzeit noch grundloser als im Berg- und Hügellande, und eine Eisenbahn von Manzanillo nach Bayamo ist zwar seit lange geplant, zur Stunde aber noch nicht in Angriff genommen worden. Infolge der angegebenen Eigenschaften hat sich die Cautoniederung und besonders ihre Randgegend jederzeit als der eigentliche Haupthero der Insurrektion bewährt. Der Reichtum der Ebene bot den Aufständischen die beste Gelegenheit, ihre Kräfte zu konzentrieren, die Berge nahe dabei sowie die Sumpfwaldungen boten ihnen vorzügliche Deckung, und die spanischen Heerkörper bewegten sich bei den mangelnden Verkehrsvorrichtungen schwerfälliger als irgendwo sonst. So nahm der zehnjährige Aufstand von 1868 bis 1878 seinen Anfang in Yara, und die ersten wirklichen Kämpfe der Gomez und Maceo im Jahre 1895 fanden dicht bei Bayamo statt, sowie bald danach in der Gegend von Victoria de las Tunas (3000 Einw.), das in dem nördlich an die Cautoniederung anstoßenden Hügellande von Holguin liegt und noch dem Cautogebiet angehört — als die Hauptausgangspforte aus dem Kopfteile Cubas in den anstoßenden Rumpfteil, bezugsweise aus den Gebirgslandschaften von Baracoa und Santiago nach der weiten Hügel- und Flachlandschaft, die der cubanische Volksmund als das Camaguey zu bezeichnen pflegt.

VI.

Die Natur der cubanischen Küste und des Meeresraumes, der sie begleitet, ändert sich, wenn man das Kap Cruz hinter sich hat, in geradezu überraschender Weise. Nie

Abb. 51. Vorberge der Sierra de Trinidad.

mand hat dies wohl lebhafter empfunden, als Christoph Kolumbus, und weil derselbe ohne weiteres erkannte, daß von hier ab gegen West ganz andere und weit schwierigere Probleme seiner harrten, als zwischen Baracoa und Nuevitao und zwischen Kap Maisi und Kap Cruz, so wendete er sich auf seiner zweiten Reise alsbald von dem fraglichen Punkte weg gegen Süd und hinüber nach Jamaica, um seine Fahrt entlang der Südküste von Cuba erst später wieder aufzunehmen.

Mächtige Sandbänke, darunter vor allem der ungeheure Bajo de Buena Esperanza, die sogenannten Cayos oder Keys, die Cuba als eine Art kleiner Trabanten rings umschwärmen, und deren Zahl allein auf der kaum 300 km langen Strecke zwischen Kap Cruz und der Agabamamündung mehr als tausend betragen mag. Jeder einzelne davon gewährt, vom Schiffe aus betrachtet, ein überaus reizendes und freundliches, ja vielfach ein bezauberndes Bild, aber einer gleicht in seinem Gepräge genau dem anderen, und nur die Ausdehnung wechselt zwischen einem Hektar oder Ar und gegen 50 qkm (Abb. 42). Der Schiffer sieht sich bei ihnen vergeblich nach Merkzeichen

Abb. 52. Die Bucht von Cienfuegos.

lagern sich dem Seefahrer in den Weg, und die meisten derselben sind mit jungen, gutenteils noch von Leben erfüllten Korallenbauten besetzt und umsäumt, die vielfach hart an die Meeresoberfläche treffen und an denen die See mehr oder minder stark brandet. Endlos folgen einander daneben niedere Inselchen aus fossilem Korallenkalk und Sand, die in der Regel kaum meterhoch, oft genug auch kaum zollhoch über den Flutenstand des Meeresspiegels emporragen, und über die jede stärkere Sturmwoge hoch hinweg schlägt, so daß eine andere Vegetation als Mangrovegebüsch und ein anderes Tierleben als Vogelleben nicht auf ihnen denkbar ist. Es sind dies um, die ihm den rechten Kurs einhalten helfen, und nur eine kleine Zahl, die ein paar Meter höher emporsteigt und außer Mangroven einige Fächerpalmen oder einem Ceibabaume (Erithalenbran anfractuosum) die erforderlichen Daseinsbedingungen bietet, macht in dieser Regel eine Ausnahme. Besonders winzig sind die Inselchen auf dem ersten Drittteile der Strecke, an der Bucht von Guacanayabo, sie sondern sich daselbst aber gut in einzelnen Gruppen, zwischen denen verhältnismäßig breite und tiefe Durchfahrten liegen: der Balandraskanal, östlich von der Buena Esperanza-Bank, und der Barcoskanal sowie der Cuatro-Reales-Kanal, der Pitajayakanal und der Leviza-

Abb. 54. Forschlüssiges Bienhaus nebst Bai und Tafellehmmerbung.

Kanal, westlich davon. In dem mittleren Teile der Strecke dagegen, dort, wo die Landschaft des Camagüey sich weit gegen Südwest ausbaucht und ihre bedeutendste Breite (110 km) erreicht, sind die Keys etwas größer, ihr regelloses Durcheinander ist aber hier ein völlig verwirrendes, und die alten spanischen Seefahrer haben die Zusammenscharung an der fraglichen Strecke mit sehr triftigem Grunde das "zwölfmeilenlabyrinth" — Laberinto de Doce Leguas — benannt. Weiter westlich folgen dann die drei größten Keys der ganzen Flur (Cayo schließt die Flur mit ihren äußeren Gliedern ein seichtes cubanisches Randmeer ab, das man füglich von dem weißen Korallenschlammgrunde, der auf weiten Strecken seltsam durch das Wasser hindurch leuchtet, als cubanische Weißsee oder besser vielleicht noch der Lage nach als Camagüeysee von dem offenen Karibenmeere unterscheiden könnte. Als Golf von Jucaro weit gegen Nordost ausgreifend, schnürt dieses Randmeer den Körper Cubas nochmals isthmusartig (auf 65 km) zusammen, und die Landschaft des Camagüey sowie der ganze cu

Abb. 51. Uferlandschaft des Rio Tamuji.

Caballones, C. Piedra und C. Grande), an deren Seiten die Caballones- und Boca-Grande-Durchfahrt den Fahrzeugen von der hohen See her offen stehen, und endlich streckt sich die große Bank des Cayo Breton, auf der sich zahllose Schildkröten und Fische zwischen den Riffen tummeln, 55 km weit gegen Nordwest bis in die Nähe der Hauptinsel.

Südlich stößt an die beschriebene Korallen- und Inselflur, die wir nach ihrer Hauptgruppe Laberintoflur nennen, ein ungeheuer tiefes Meer, und 10 km von dem Cayo Grande werden bereits 2800 m gelotet, die Verhältnisse liegen also nach dieser Richtung hin genau wie bei der Sierra Maestra. Auf ihrer Nordseite hingegen banische „Oriente" findet daselbst seine natürliche Westbegrenzung in ganz ähnlicher Weise wie bei Jobabo seine Ostbegrenzung.

Daß die Südküste des Camagüey außerordentlich schwer und nur unter mannigfaltigen Fährlichkeiten zugänglich ist, ist aus dem Gesagten klar genug, und wenn man erwägt, daß die Seekarten von der Gegend bis auf den heutigen Tag äußerst ungenau geblieben sind, daß zahlreiche Inselchen und Riffe darauf gänzlich fehlen, und daß man an eine Ausstattung der Flur mit Leuchttürmen und Tonnen bisher nicht gedacht hat, so steht man wohl schwerlich an, das Camagüey nach dieser Seite hin als ein ziemlich streng verschlossenes Land zu bezeichnen. In ihrer Längserstreckung bietet die Camagueysee den Schiffen in der Küstennähe ein verhältnismäßig offenes und tiefes Fahrwasser, und bei genügender Vorsicht in der Gegend des Laberinto de Doce Leguas können Schiffe von mäßigem Tiefgange (5 m) darin bequem zwischen Manzanillo und Casilda hin und her fahren. Das betreffende Fahrwasser ist zugleich auch durch den wirksamen Schutz, den die Koralleninseln und Riffe gewähren, im allgemeinen ein außerordentlich ruhiges und glattes, und gerade in der Camagueysee gedenkt man unwillkürlich des Kolumbischen „allezeit sanft wie der Strom von Sevilla."

Welcher Art ist aber die Küste des Camaguey, die es durch das geschilderte Randmeer zu erreichen gilt? Ohne Unterbrechung und, wie es einem bei der Küstenfahrt bedünken kann, ohne Aufhören dehnt sich von der Gegend von Manzanillo bis in die Gegend von Tunas ein Mangrove-, Binsen- und Waldsumpf (Manglar und Crenaga) aus, der im allgemeinen 10 bis 20 km binnenwärts reicht, der mit zahlreichen Lagunen besetzt und von einem Gewirr von Wasserläufen — den Mündungsarmen der gegen Süd ablaufenden Ströme des Camaguey (Jobabo, Sevilla, Najasa, Sabanilla, San Pedro, Altamira u. s. w.) — durchzogen ist. Es ist dies wieder ein Paradies der Manatis und Krokodile, sowie der Pelikane, Reiher, Enten, Wasserhühner, Moskitos, Garragatos u. s. w., aber ein sehr schlecht geeigneter Boden für irgend welche Ansiedelungen von Kulturmenschen. Während der Regenzeit ist eine trockene Stelle in dieser Sumpfwildnis kaum zu finden, in der Trockenzeit gibt es aber eine Anzahl kleiner Inseln und Sumpfoasen, die genügend von Wasser frei werden, um den Wuchs von Savannengräsern, Bataten, Cassawen und Bananen zuzulassen und dadurch Nahrung für eine Rinderherde, sowie für eine Guajiro- oder Mulattenfamilie darzubieten. Gegen die Fieberdünste der Gegend, sowie gegen die Moskitostiche sind ja die Guajiros und Mulatten gefeit, und an die Beschaffenheit des Trinkwassers stellen dieselben auch keine großen Anforderungen. Die Verschlossenheit des Camaguey gegen das Karibische Meer hin wird aber durch den breiten Gürtel amphibischen Landes noch sehr bedeutend erhöht, und alles in allem kann man dieselbe ohne Bedenken als eine noch viel vollkommenere nennen als bei dem Bergande von Santiago. Zugleich darf man sich auch fragen, ob und wann es wohl einer zukünftigen Verwaltung Cubas gelingen wird, den vorliegenden Naturfehlern abzuhelfen. Ein einziger kleiner Hafenplatz, Santa Cruz del Sur (1000 Einw.), der unfern der durch eine Barre gesperrten Mündung des Rio San Juan de Najasa

Abb. 55. Hafenstadtteil von Cienfuegos.

Abb. 56. Hauptstraße von Cienfuegos.

liegt, und der nur sehr flach gehende Schiffe zuzulassen vermag, muß zur Zeit dem an der Südseite der weiten Landschaft ausund eingehenden Handel und Verkehre genügen, und lediglich das hohe strategische Interesse, welches der Isthmus von Moron in den Zeiten des Aufstandes in Anspruch nahm, hat daneben an einer ähnlich seichten Reede weiter westlich noch den Truppenlandungsplatz Jucaro ins Dasein gerufen.

Das Eindringen in das innere Land, das von Santa Cruz aus nur auf einer schlechten Landstraße bewirkt werden kann, versuchen wir von der Seite des Karibenmeeres nicht, sondern wir wenden uns vielmehr zu diesem Behufe zurück nach Nuevas Grandes, um daselbst unsere früher abgebrochene Küstenfahrt und Küstenschau am Alten Bahamakanale wieder aufzunehmen. Wir stoßen auch hier alsbald auf eine ausgedehnte Insel- und Korallenflur. Eine beträchtliche Anzahl der Keys, die dieselbe zusammensetzen, erscheint aber im Vergleiche zu denen, die wir an der Südküste kennen gelernt haben, riesengroß; so vor allem der eng an die Hauptinsel angeschmiegte und flache Cayo Sabinal (360 qkm); der hügelige Cayo Guayaba (120 qkm); der langgestreckte größere und kleinere Cayo Romano (180 bezw. 250 qkm); der Cayo Cocos (180 qkm) und der Cayo Turiguano (150 qkm), der letztere wieder dicht an der Hauptinsel liegend, und die Kette der Riesenkeys an dem Isthmus von Moron abschließend. Im allgemeinen erheben sich die genannten Keys auch zugleich höher über den Meeresspiegel als die im Süden, und die Hügel des Cayo Guayaba erreichen 30, die „Silla" des Cayo Romano aber sogar 70 m. Außer Mangroven und Salzteichen, sowie Sanddünen enthalten sie daher auch etwas Mimosen- und Guavengebüsch, kleine Kokospalmen- und Fächerpalmenbestände und ziemlich ausgedehnte Savannen, und es sind daher an verschiedenen Orten Fischerhütten und Viehzuchtgehöfte darauf zu finden. Seewärts von ihnen liegen dann noch zahlreiche kleinere Keys, wie der Cayo Confites, der Cayo Cruz, der Cayo Paredon Grande mit seinem hohen Leuchtturme u. a., vor allem aber begleitet die Kette auf dieser Seite ein ausgedehntes Saumriff von leben-

Deckert, Cuba.

Abb. 57. Zuckerrohr-Eisenbahnzug.

den Korallen, das steil in den ansehnlich tiefen Bahamakanal (auf der fraglichen Strecke 600—2000 m) abstürzt. Die Durchfahrten, welche die genannten großen Keys zwischen sich lassen (die Caravelas durchfahrt, die Boca Guayaba u. s. w.), sind durch dieses Riff um so gefährlicher, als an demselben für gewöhnlich eine starke Brandung tost, als die Gegend ebenso wie die früher beschriebene, weiter im Osten liegende der strengen Herrschaft des Nordostpassates untersteht und als sehr verwickelte Gezeitenströmungen durch die Kanäle hin durchgehen. Dazu ist der gegen 200 km lange und bis über 20 km breite Meeresraum, der in kleinen Fahrzeugen durch die Kanäle erreicht werden kann und den man füglich als Cayo-Romano-See bezeichnen darf, durchgängig außerordentlich seicht (meist nicht mit 1 m Wasser) und mehrfach durch quer darin liegende Gruppen von kleineren Keys, auch selbst für Küstenfahrer unpassierbar.

Ein schwer zugängliches, zugeschlossenes Land muß man das Camaguey also auch an der Nordseite nennen, und ein breiter Gürtel von Mangrove und Binsensumpf, der sich auf dem Hauptlande dem Cayo-Romano-See entlang zieht, vervollständigt und verstärkt auch hier das System kulturgeographischer Absperrung.

Nur an der Ostseite des Cayo Sabinal steht dem Seeverkehr ein wirklich guter Aus- und Eingang offen, durch den die größten Seeschiffe sich dem Ufer des Hauptlandes bis auf einen geringen Abstand nähern und kleinere unmittelbar daran landen können. Kolumbus stand nicht an, denselben als „einen der besten der Erde"

„... de los mejores del mundo" zu rühmen, und er nannte ihn Puerto de Mares, Velasquez aber gründete an seinem Gestade 1516 die Stadt Santa Maria del Puerto Principe, die sich zu dem heutigen Nuevitas (7000 Einw.) entwickelt hat. Der Passatwind und die Gezeitenströmungen, sowie die Gewundenheit und Enge des Fahrwassers sind Mängel des schönen Hafens, und die beiden hohen Leuchttürme vor der Einfahrt warnen nicht umsonst vor den daselbst drohenden Gefahren. Das nächste Hinterland hat aber einen sehr fruchtbaren Dunkelboden, auf dem die Zuckerrohrkultur einen beträchtlichen Umfang genommen hat, und außerdem enthält dasselbe auch einen großen Reichtum an den bekannten westindischen Nutzhölzern. Das fernere Hinterland ist aber die Camagueylandschaft nahezu in ihrer Gesamtheit, und in dieses hinein führt von Nuevitas eine der wenigen ostcubanischen Eisenbahnen, die Würde des Platzes als Haupthafen gewissermaßen noch vollständiger besiegelnd. Moron (6000 Einw.), das durch die Kanäle am westlichen Ende der angegebenen Keyreihe kleineren Fahrzeugen nahbar ist, kann jedesfalls nur als eine Nebenpforte gelten, und dasselbe hat seine Bedeutung vor allen Dingen darin gehabt, daß es der spanischen Heeresleitung in den Stand setzte, die stark befestigte Verteidigungslinie gegenüber der Insurrektion auf dem Isthmus von Moron auch von dieser Seite von der See her zu stützen.

Das Innere des Camaguey stellt sich dem Auge im großen Ganzen als eine Landschaft dar, deren Formen stark von den Verwitterungsagentien abgetragen worden sind. Weite und nahezu vollkommene Ebenen mit der allgegenwärtigen cubanischen „Tierra Colorada" wechseln mit Gruppen niedriger, aber immerhin ziemlich steilwandigen Cerros und Lomas aus Granit, Diorit, Serpentin u. dergl., sowie zum Teil auch aus tertiärem Kalkstein. In der Osthälfte des Landes, und insbesondere in der Gegend von Guaimaro und entlang dem Rio Najasa entwickeln sich diese Lomas zu förmlichen kleinen Gebirgen — den Lomas del

Rompe, der Sierra de Sibanica, der Sierra del Postillo, der Sierra de Najasa, der Sierra de Guaicanamar —, die trotz ihrer geringfügigen Erhebung (200—300 m) wild genug sind, und durchgängig noch ein ziemlich ursprüngliches Busch- und Waldkleid tragen: schöne Königspalmen, mächtige Ceibas (Abb. 43 und 44), Mahagonibäume, Cedrelen, Granadillas, Mameys, Rosenäpfel und Guavenbüsche u. s. w. Ein ansehnliches Kalksteingebirge, das in der Steilheit seiner Wände und Gipfel, sowie in seinen Höhenverhältnissen (gegen 500 m) und in seiner Entstehungsgeschichte an die Gebirge von Baracoa erinnert, ist aber vor allem die Sierra de Cubitas, in Nordwest-Camaguey in unmittelbarer Nachbarschaft der nördlichen Küstensümpfe, und dieselbe setzt sich gegen Moron hin, jenseits einer breiten Thalsenke, in der niedrigen Sierra de Judas gewissermaßen weiter fort. Sie enthält eine Reihe mächtiger Höhlen, von denen die größte bezeichnenderweise Cueva de los Negros Cimarrones (Cimarronnegerhöhle) heißt. In den Insurrektionskämpfen hat die Sierra de Cubitas sich immer als ein Hauptort der Aufständischen bewährt, und in den letztvergangenen Jahren galt ein schwer nahbares Viehgehöft auf einer ihrer Höhen längere Zeit als die Regierungshauptstadt der „Cuba Libre". Kaum minder bedeutsam sind aber in der Insurgentenstrategie auch die genannten niedrigeren Bergzüge bei Guaimaro gewesen, da sie es den Führern ermöglichten, in steter enger Berührung mit der Canto- und Maestragegend zu bleiben. Und die weiten Ebenen, zu denen sich die Camagueylandschaft gegen die Mitte hin verflacht, und mit denen sie sich beiderseits sanft zu den Küstensümpfen abdacht, sind füglich ebenfalls viel besser dazu geschaffen, kleinen Banden die Bewegung und Verproviantierung, sowie das Scharmützeln und Entschlüpfen zu gestatten, als wirklichen Heereskörpern ihre geordneten Operationen. In der Trockenzeit (Seca) herrscht daselbst größerer Wassermangel, als in anderen Gegenden der Insel, denn das Klima des Camaguey ist bei der entschiedenen Vorherrschaft abgeflachter Bodenformen verhältnismäßig regenarm. Die schwach eingeschnittenen Ströme (Abb. 45 und 46) trocknen dann vielfach gänzlich aus, und als Trinkstätten für Menschen und Tiere dienen lediglich vereinzelte Wasserlöcher und Quellen (ojos de agua), die nur der Ortskundige findet. In der Regenzeit (estación de las aguas) dagegen reichen die

Abb. 58. Cubanische Feldbestellung.

Gewittergüsse bald genug aus, die Ströme übervoll und unpassierbar zu machen, die Ebenen aber auf weiten Strecken in einen knietiefen Morast zu verwandeln. Im Zusammenhange mit diesem Klima, sowie mit dem sandigen Boden herrschen in den Ebenen des Camaguey auch lichte Baumbestände, mit Fächer- statt Königspalmen, sowie ausgedehnte Savannen mit hohen Gräsern vor. Den Hauptwirtschaftsbetrieb aber bildet die Viehzucht, die Hauptsiedelungen sind weit auseinander liegende Ranchos und Hatos (Abb. 47), die eigentlichen Charakterfiguren der Landschaft sind die berittenen Hirten (Monteros) und Land- und Herdenbesitzer (Abb. 48), die natürlich sämtlich echte Cubaner und treue Parteigänger der Insurrektion waren. Wer das Cuba der Creolen kennen lernen will, der ist überhaupt in dem Camaguey am richtigsten Orte. Die Straßen sind durchgängig schlecht, und das einzige Verkehrsmittel, in dem auf denselben mit einiger Sicherheit und vielleicht sogar mit einigem Behagen vorwärts zu kommen ist, ist außer dem kleinen cubanischen Reitpferde die zweiräderige Volante, mit ihrem breiten Achsengestell und ihrer langen elastischen Deichsel, sowie mit ihrem seitwärts voraufjagenden Leitreiter — ein Fuhrwerk, das in den meisten anderen Gegenden Cubas im Aussterben begriffen ist (Abb. 49). Auf solche Weise, und weil bislang ein Anschluß an das westcubanische Eisenbahnnetz nicht vorhanden war, werden aber auch die fremden Einflüsse von der Landseite her ziemlich wirksam von dem Camaguey fern gehalten oder doch sehr eingeschränkt.

Die Hauptstadt Puerto Principe (42000 Einw.), ziemlich genau im Mittelpunkte der Landschaft und am oberen Rio San Pedro gelegen, bildet als eine Art camagueyanisches Paris in jeder Beziehung den Vereinigungspunkt ihrer wirtschaftlichen und gesellschaftlichen Interessen. An Stelle des alten Indianerdorfes Camaguey bereits im Jahre 1516 erbaut, ist sie die einzige wirkliche Stadt der Landschaft geblieben, und die Zahl ihrer Bewohner übertrifft diejenige des dünnbevölkerten ländlichen Camaguey um das doppelte. Am Camino Central von Santiago nach Habana, der den Rio San Pedro hier auf hübscher Brücke überschreitet, bildete sie selbstverständlich zu allen Zeiten eine Hauptstation, und von der nach ihr benannten politischen Provinz, die nur im Westen über die bezeichnete Grenze der natürlichen Landschaft

Abb. 50. Grünfuttertransport.

Abb. 60. Santo Domingo.

herausgreift, war sie unter der spanischen Herrschaft der Sitz des Statthalters und der obersten Verwaltungsbehörden, was zur Erhöhung ihres Glanzes nicht unwesentlich beitrug. Die kleinen Flecken El Zanjon und Guaimaro sind Stationen an der genannten Hauptstraße gegen Santiago hin, das erstere historisch denkwürdig durch den daselbst im Jahre 1878 geschlossenen Vertrag. An der aus 40 kleinen Blockhausfestungen bestehenden „Trocha de Moron" aber, die sich quer über den niedrigen und teilweise sumpfigen Isthmus von Moron hinwegzieht, und die sich in spanischer Hand trotz der damit verbundenen strategischen Eisenbahn nicht sehr glänzend bewährt hat, liegt außerdem noch Ciego de Avila (2000 Einw.), und dieses bildet durch den Camino Central, der hier die Trocha kreuzt, den verkehrsgeographischen Hauptübergangspunkt aus dem Camaguey in die westlich angrenzende Nachbarlandschaft der „Cinco Villas".

VII.

Sobald wir uns mit unserem Küstendampfer dem westlichen Ausgange der Camagueysee nähern und Jucaro sowie die Jatibonicomündung im Rücken haben, sehen wir in der südcubanischen Küstenscenerie einen abermaligen starken Wechsel eintreten. Der eintönige Mangrovesumpf wird schmäler, es springen aus demselben mehrfach höhere Landrücken und Landspitzen heraus, und im Hintergrunde tauchen in blauer Ferne hohe und malerische Berge auf. Der Seemann ist von hier ab um Landmarken nicht mehr verlegen, und befindet man sich erst auf der Höhe der Mündung des Rio Sasa, so erscheint einem das Gebirge, das daselbst an das Meer tritt, beinahe ebenso stolz und prächtig wie die Sierra Maestra. Thatsächlich soll auch die Loma de Banao, die etwa 15 km von der Küste entfernt ist, nach Esteban Pichardo an die 1700 m aufsteigen, höher also als die Gran Piedra, und eine ganze Anzahl anderer Kuppen, wie die scharf geschnittene Pan de Azucar (Zuckerhut), die Loma del Infierno (Höllenberg) und die Lomas del Purial (Fegefeuerberg), mag wenigstens nahe an 1500 m messen. Durch das tiefe Agabamathal und die davor liegende Mangroveniederung erhält diese Gebirgsgruppe, die man gemeinhin Sierra de Sancti-Spiritus nennt, eine Art Abschluß. Unmittelbar westlich von dem genannten Thale erheben sich aber weitere stattliche und schön geformte Berge bis gegen 1000 m — so vor allen Dingen der Pico de Potrerillo (Abb. 50), den Alexander von Humboldt auf 944 m bestimmte, die Cabeza de San Juan (Johanneshaupt) und andere — und diesen Zug, der erst am Rio Arimao endigt, bezeichnet man als

Die Sierra de Trinidad.

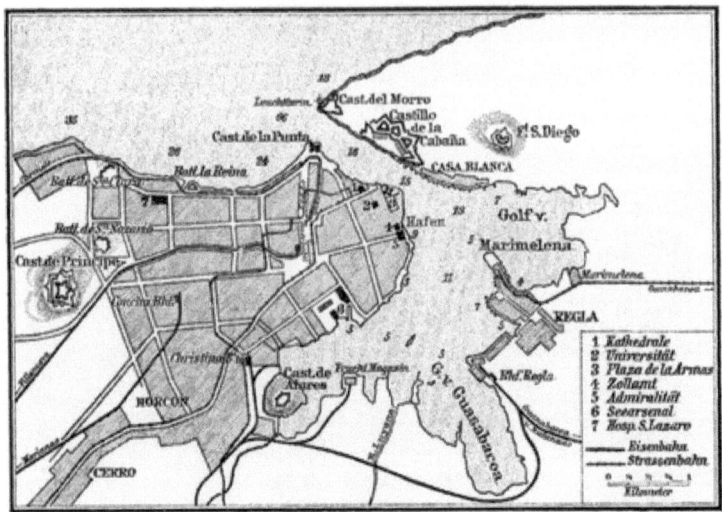

Abb. 61. Habana.

Sierra de Trinidad. Der Absturz dieser Gebirge zum Meere ist steil genug, wenn auch nicht so steil wie bei der Sierra Maestra, und nicht ohne die Vermittelung von niedrigeren Vorbergen (Abb. 51), die Gipfelformen sind aber beinahe durchgängig gerundete, und an die Zacken und Spitzen der östlichen Sierren fühlt man sich höchstens bei der Ostgruppe erinnert. Hier und da glänzen weiße Flecken von den Höhen herab, die der Unkundige für Firnflecken nehmen kann, die aber in Wirklichkeit nichts anderes sind als kahle Kalkstein-, Quarz- oder Glimmerschieferwände, da Schnee in dieser Gegend auch in 1700 m Höhe niemals fällt. In der Hauptsache aus archäischen und paläozoischen Gesteinen zusammengesetzt, unter anderen auch auch Gneis, Glimmerschiefer,

Abb. 62. Die Hafeneinfahrt von Habana nebst Morro und Punta.

Quarz und krystallinischem Kalkstein, bildet das Gebirge, das den wenig volkstümlichen Gesamtnamen der Montes de Guamuhaya führt, aller Wahrscheinlichkeit den ältesten Teil der ganzen Insel, der als eine Art Horst ihre erdgeschichtlichen Schicksale seit Beginn der mesozoischen Zeit überdauert hat und der in der Vorzeit zu viel gewaltigeren Höhen emporgeragt haben muß als heute. Die südlichen Vorberge bestehen bis zu einer Höhe von 300 m und vielleicht noch wesentlich höher aus Tertiärkalk, und an ihrem Fuße sind dieselben zum Teil von der niedrigen Klippenwand aus fossilen säuregeschwängerten Wassers, — scheint den größeren Teil des tertiären Stufenbaues freilich auch hier wieder zerstört zu haben. Das sehr tief eingegrabene Agabamathal, welches das Guamuhayagebirge in genau meridionaler Richtung auf einer Strecke von 70 km quer zerschneidet, dürfte im wesentlichen ein sehr altes Erosionsthal sein, und Ähnliches ist wohl auch der Fall mit den Thälern des Saja und des Arimao (im Oberlaufe Manicaragua genannt) die das Gebirge umgrenzen und inselartig aus seiner Umgebung herausheben, sowie mit den Seiten-

Abb. 63. Terrassen an der Bucht von Habana.

Korallen begleitet, die wir aus dem Ostteile der Insel zur Genüge kennen. Dem Ostabhange der Sierra de Sancti-Spiritus ist auch noch ein höherer tafelförmiger Unterbau charakteristisch, der als eine der bekannten oberen Terrassenstufen aufgefaßt werden kann, und das Gleiche ist auch gegen die Arimaomündung hin und darüber hinaus zu bemerken. Es hat demnach den Anschein, als ob das alte Gebirgsland auch den Ablagerungen der jüngeren Erdalter als festere Stütze gedient habe, als das Küstenland weiter östlich. Die Verwitterung und das Nagen der Abflußgewässer, die selbstredend auch hier echt tropische und überaus energische sind — man denke nur an die hohe Lösungskraft des warmen, kohlen-

thälern des Agabamo und Arimao, die von der Sierra de Trinidad gegen Norden hin die Montes de la Siguanea und die Montes de Manicanagua als besondere ostwestlich verlaufende Ketten abgliedern. Die letztgenannten, ungemein zerklüfteten, höhlenreichen und dicht bewaldeten Gebirge waren jederzeit berühmte Horte der Insurgenten sowie in früheren Zeiten Hauptschlupfwinkel der entlaufenen Negersklaven und der Banditen. Wie die betreffenden Ströme an der Zerteilung des Guamuhayagebirges arbeiten, zeigen namentlich eine große Zahl schöner Wasserfälle, unter denen wir diejenigen des Ay (rechtsseitiger Nebenfluß des Agabama) und des Hanabanilla (linksseitiger Nebenfluß des Arimao) hervorheben, sowie daneben auch verschiedene Flußschwinden (z. B. die Jibacoaschwinde). Im übrigen tragen alle die genannten Thäler, die leider sehr häufig von sehr verheerenden Überschwemmungen heimgesucht werden, im Naturzustande eine herrliche Waldvegetation, und soweit die Kultur an sie vorgedrungen ist, sind die einen (Sasa-, Agabama- und Arimaothal) durch umfangreichen Zuckerbau, die anderen aber (besonders das Manicanaguathal) durch namhaften Tabakbau ausgezeichnet. An den Gehängen gab es dazu namentlich in der Nähe von Trinidad seit langem zahlreiche „Cafetales", und auf den Höhen blüht allenthalben die Viehzucht. Seine düsterste und kulturärmste Seite kehrt das Gebirge eigentlich dem Meere zu, denn dort schaut aus dem Guaven- und Mimosengebüsch an vielen Orten das gelbbraune, verwetterte und sonnenverbrannte Gestein heraus, und Palmenbestände erheitern den Anblick nur hier und da, besonders gegen den Fluß hin.

Das Meer hat südwestlich von dem beschriebenen Hauptgebirge der Cinco-Villas-Landschaft eine bedeutende Tiefe (5 km von der Küste der Potrerillogegend über 1000 m), so tief als das Meer südwestlich von der Laberinto-Key-Flur ist es aber bei weitem nicht, und nicht sehr fern von der Küste tauchen daraus verschiedene Bänke (Pazbank, Xaguabank) bis nahe an die Oberfläche — in beachtenswerter Weise eine unterseeische Fortsetzung des äußeren Keygürtels der Laberintoflur andeutend, und eine gewisse Verbindung zwischen dieser Flur und der weiter westlich gelegenen Flur, die wir noch zu betrachten haben werden, herstellend oder aufrecht erhaltend. Vor der Sasa- und Agabamamündung handelt es sich noch um die Camagueysee; dieselbe ist auch hier seicht und von Korallenriffen und Keys sowie durch die Anschwemmungswirkung der Ströme von Schlamm- und Sandbänken erfüllt. Die beiden Ströme sind aber für kleine Fahrzeuge bis über ihre Mündungsbarre hinweg schiffbar, und westlich von beiden liegen durch Landvorsprünge und Keys gut geschützte Buchten, die wenigstens mittelgroßen Schiffen (bis 3,5 m tiefen) verhältnismäßig leichten Zugang gewähren: die Bucht von Tunas und die Doppelbucht von Casilda-Masio. Die kulturgeographischen Verhältnisse liegen daselbst jedenfalls ungleich günstiger als an der Südküste des Camaguey, und schon in den allerersten Zeiten der spanischen Besiedelung wurde daher von hier aus das Eindringen in die genannten reichen Thäler mit gutem Erfolge versucht, so daß Sancti Spiritus (18000 Einw.), in einem rechten Seitenthale des Sasaflusses ebenso wie Trinidad (20000 Einw.), am Südwestabhange der nach ihm benannten Bergkette und am für Kähne schiffbaren Rio Guarabo, den ältesten Städten der Insel zuzählen und bereits 1514 gegründet worden sind. Die Entwickelung dieser beiden ersten der „Cinco Villas" („Fünf Städte") ist nur durch die Insurrektionskämpfe immer besonders schwer geschädigt worden, und Trinidad hat außerdem in früheren Zeiten von Seeräuber- und Boucaniereinfällen viel zu leiden gehabt. Die kleinen Hafenplätze Tunas und Casilda sind heute vor allem durch Zucker- und Holzausfuhr namhaft und sowohl durch Stromschifffahrt als auch durch Eisenbahnen ihrem Hinterlande verbunden. Weiter westlich, wo die Tiefsee unmittelbar am Gebirgsfuße liegt, greift aber eine viel schönere Meeresbucht in die Cinco-Villas-Landschaft ein, ganz ähnlich, wenn auch mit anderer nordwestlicher Hauptachsenrichtung, wie die Buchten von Santiago und Guantanamo, und der letzteren auch durch ihre gewaltige Größe sowie durch ihre Spätlingsrolle in der cubanischen Kulturgeschichte vergleichbar: die Bucht von Xagua oder Cienfuegos. Die hohen Zinnen des Siguanea- und Trinidadgebirges thronen über der Bai nur im fernen westlichen Hintergrunde, gewissermaßen nur als der prächtigste Schmuck ihres Bildes (Abb. 52), im übrigen umrahmen ihre weite Wasserfläche die bewaldeten hier und da mit Landhäusern und Bohios besetzten Abhänge einer mäßig hohen (gegen 40 m) Kalksteintafel (Abb. 53), und an der rechten Seite des Arimao sowie zu beiden Seiten des Rio Caunao und des Rio Damuji (Abb. 54) breiten sich flachwellige oder völlig ebene Niederungen von hoher Fruchtbarkeit aus, und das ganze Innere ist sowohl zu Lande als auch streckenweise in flachen Booten auf den genannten Strömen bequem erreichbar. Die Bai ist sehr tief (5 bis 10 m) und sicher, ihr Eingang ist aber eng (180 m) und durch Gezeitenströmungen schwierig; der letztere Umstand hat es wohl hauptsächlich verschuldet,

Abb. 64. Hafenansicht von Habana.

daß sie in den Zeiten ausschließlicher Segelschiffahrt nur als Nothafen aufgesucht wurde. Seit den zwanziger Jahren des XIX. Jahrhunderts siedelten aber auch hier zahlreiche französische Pflanzer an, und durch sie sowie durch später hinzugekommene spanische und amerikanische Pflanzer hat sich das Hinterland der Bai sozusagen in ein einziges ungeheures Zuckerrohrfeld verwandelt, die Ingenios der Gegend aber sind hinsichtlich ihrer Ausstattung mit Maschinen sowie hinsichtlich ihrer Förderung die hervorragendsten von ganz Cuba geworden (Caracas von 1895 mit einer Jahresförderung von 45,6 Millionen Centnern Zucker, Constancia mit 29,5 Millionen u. s. w.). In sehr bemerkenswerter Weise ist die Gegend auch von den Verwüstungen der Revolutionskämpfe viel weniger betroffen worden, als andere Gegenden. Die Stadt Cienfuegos (30 000 Einw.) aber, die als die jüngste der cubanischen „Fünf Städte" erst im Jahre 1830 an der Ostseite der Bucht angelegt worden ist und die sich durch ihre Physiognomie mehr als jede andere in Cuba als eine Schöpfung der Neuzeit bekundet (Abb. 55 und 56), hat als Zucker- und Melasseausfuhrhafen sowie durch ihre sonstige Handelsblüte ihre beiden älteren Schwestern an der karibischen Seite der Cinco Villas-Landschaft beträchtlich überflügelt. Als helfende Sammelpunkte der Erzeugnisse des Inneren sowie als Knotenpunkte von den wichtigsten Zuckerrohreisenbahnen (Abb. 57), die für die Gegend charakteristisch sind, und von denen manche Ingenios an die 50 km besitzen, seien daneben erwähnt Rodas (2000 Einw.), zugleich an der Eisenbahn nach Cardenas und Habana und am Endpunkte der Damujischiffahrt; Camarones (2500 Einw.), am Cannao; und Palmira (2000 Einw.) sowie Cruces (1500 Einw.), an der Eisenbahn nach Santa Clara und Sagua la Grande.

Die ungeheure Sumpfniederung der sogenannten Cienaga de Zapata, die sich westlich von der Cienfuegosbucht ausbreitet, wurde von dem spanischen Kolonialregimente derselben Provinz zugerechnet, wie Cienfuegos — der Provinz Santa Clara —, vom geographischen Gesichtspunkte aus wird sie aber besser der Vuelta Arriba zugewiesen, die westlich an Las Villas grenzt. Wir wenden uns von neuem der Nordküste Cubas zu und betrachten die Cinco-Villas-Landschaft auch von dieser Seite her. Wir gewahren da vor allen Dingen, wie die lange Kette der Koralleninseln und Riffe, die bei Nuevitas beginnt, sich westwärts von dem Isthmus von Moron weiter fortsetzt, zugleich aber auch in viel kleinere Glieder auflöst und festonartig wieder und wieder an die Hauptinsel angeknüpft erscheint. Die Seichtsee, die durch die Keys von dem hier auch noch ziemlich tiefen Bahamakanale (475 m) geschieden wird, setzt sich auf diese Weise aus einer ganzen Reihe von einzelnen Becken zusammen, die verschiedene Namen führen: Buenavistabai hinter dem Cayo Frances und den Cayos de Santa Maria; Caibarcenbai hinter dem verhältnismäßig großen, dreigliedrigen Cayo Fragoso; Saguabai hinter der Gruppe des kleinen Cayo Cristo; Guinesbai hinter dem Cayo Verde und Cayo Sotavento; Santa-Clara-Bai hinter dem Cayo de Cadiz und Cayo de Cinco Leguas; Cardenasbai hinter dem Cayo Cruz del Padre und der Hicacos-halbinsel, an der die ganze reichlich 400 km lange Keytette von Nordcuba ihren Abschluß endlich findet. Auch die hydrographische Aufnahme dieser Keyflur ist eine unvollständige geblieben. Es ist aber sicher, daß ein tieferes Fahrwasser als 1—3 m bis zur Küste des Hauptlandes nirgends vorhanden ist, wenn auch einzelne Durchfahrten zwischen den äußeren Keys etwas tiefer sind. Kein großer Dampfer kann sich also der Landschaft der Cinco Villas hier nähern, und die Hauptströmungen des Weltverkehrs können sie von der Bahamaseite nicht so stark und unmittelbar berühren, wie von der caribischen Seite, so daß man sagen könnte, die Landschaft wende ihr kulturgeographisches Antlitz von Nordamerika ab und Mittel- sowie Südamerika zu. Ein ziemlich guter und durch einen Leuchtturm deutlich markierter Zugang zur Küste ist indes beim Cayo Frances vorhanden, und gewöhnliche Schoner sowie kleine Dampfer (von 2,7 m Tiefgang) können durch ihn bis Caibarien gelangen. Nicht viel ungünstiger liegen die Verhältnisse sodann auch westlich von dem Cayo Tragoso (bei der Boca de Marcos und zu beiden Seiten des kleinen, wieder einen Leuchtturm tragenden Cristekay (bei der Canete-, Marillanes- und Seronburchfahrt), wo die

Abb. 65. Habana und die Atares- oder Tallapiedrabucht.

Mündungen des kleinen und großen Sagua
flusses von flach gehenden Fahrzeugen (bis
gegen 2 m) erreicht werden können und
wo dergleichen Fahrzeuge auf dem letzteren
Flusse sogar ein beträchtliches Stück (35 km)
ins Binnenland vordringen. Weiter westlich
endlich läßt die Cardenasbai zwischen dem
Cruz del Padre und Piedrasken noch
größere Schiffe (von 3,3 m Tiefgang) als
die Caibarienbai zu: da wir die westliche
Grenzlinie der Cinco-Villas-Landschaft nicht
anders zu ziehen wissen, als quer über die

Lagunen übersät ist der Sumpfgürtel aber
nur an der großen Sagua, und anderweit
ist er mehrfach von höherem Lande unter-
brochen, ja zum Teil treten wirkliche kleine
Gebirge nahe genug an das Meer, um
von den Seefahrern gut gesehen und als
Landmarken benutzt werden zu können;
so namentlich die Tetas de Buenavista, östlich von Remedios, und die Sierra Morena, nordwestlich von Cuemado de Guines.
Eine kleine Strecke landein liegt aber bei
nahe allenthalben fruchtbare Schwarz- und

Abb. 66. In der Vorstadt von Habana.

isthmusartige Verschmälerung Cubas zwischen der Cienfuegosbai und der Guinesbai, bezugsweise östlich von dem Zapata
sumpfe, so kommt die Cardenasbai an dieser
Stelle noch nicht in Betracht. Viel besser
als bei dem Camaguey ist es übrigens bei
der Cinco-Villas Landschaft um die Zugänglichkeit der Nordseite in jedem Falle bestellt,
und sowohl der Küstenverkehr als auch der
kleinere Hochseeverkehr hat sich daselbst in viel
bedeutenderem Umfange entwickeln können.

Zudem ist die Hauptküste der Cinco-
Villas zwar auch niedrig und vorwiegend
von Mangroven und Binsensumpf eingenommen, sehr breit und mit zahlreichen

Roterdeniederung, die ursprünglich teils
von Savannen, teils von lichtem Walde
bestanden war — auch hier öfter von Fächerpalmen („Guano blanco" = Thrinax argentea,
„Palma cana" = Sabal umbraculifera u. s. w.)
als von Königspalmen die sich aber auch
hier unter der Hand des Menschen und
durch den rohen cubanischen Ochsenpflug
(Abb. 58) in bedeutendem Umfange in er-
giebige Zuckerrohrfelder verwandelt hat.
Namentlich an der Buenavista- und Cai-
barien- sowie an der Guinesbai sehen wir
daher eine große Zahl der erwähnten Zucker-
eisenbahnen und Zuckereisenbahnzüge quer
durch die Niederung zur Küste streben, um

dort an kleinen Verladeplätzen ihre Last an Lastenschiffe oder Küstenfahrer zur Weiterbeförderung nach Caibarien oder nach der Saguamündung oder nach irgend einem anderen weiteren Ziele abzugeben. An den Gehängen und an den Thälern der Tetas de Buenavista bei Remedios, sowie auch in denjenigen der Lomas von Cuemado de Guines und der Sierra Morena ist dazu auch der Tabakbau schon seit alten Zeiten belangreich, und wo die Savanne gegenwärtig noch in dem Naturzustande verharrt, da weiden auch hier stattliche Rinderherden.

In solcher Weise waren in dem nördlichen Küstenstriche der Cinco-Villas-Landschaft gute natürliche Vorbedingungen für das Aufblühen von einer ganzen Reihe ansehnlicher Märkte und Ortschaften gegeben. Den Ehrenplatz unter ihnen gebührt dem alten Juan de los Remedios (7500 Einw.), der vierten der „Cinco Villas", deren Begründung an ursprünglicher Stelle (auf einem Key dicht an der Küste) ins Jahr 1545 zurückreicht, und die mit ihrem Hafen Caibarien (5500 Einw.) einer der hervorragendsten Zucker- und Tabakausfuhrplätze der Insel ist. Als Zuckerhafen noch bedeutender ist aber das junge, erst 1859 zur Stadt erhobene Sagua la Grande (14 000 Einw.) das mit beiden Plätzen sowie auch mit Santa Clara und Habana und mit seinem Vorhafen Isabella durch Eisenbahnen verbunden ist. Von kleineren Ortschaften des Küstengebietes sind daneben noch bemerkenswert Yaguajay (1500 Einw.), südlich der Buenavistabai, Camajuani (2000 Einw.) sowie Calabazas (2000 Einw.), zwischen Remedios und Sagua, als der Mittelpunkt zahlreicher Ingenios; und Los Rueltas (1500 Einw.) westlich von Remedios sowie Cuemado de Guines (1500 Einw.) westlich von Sagua, als wichtige Tabakmärkte.

Das Innere der Cinco-Villas-Landschaft ist auch in seinem nördlichen Teile, den wir von Caibairien aus bis gegen den oberen Agabama hin und von Sagua la Grande aus bis Santa Clara und bis an den oberen Tanuji vermittelst Eisenbahn erreichen, ein Bergland. Aus der Gegend von Moron zieht die Sierra de Jatibonico, die Sierra Matahambre und die Sierra de Bamburanao gegen Nordwest, bis gegen 550 m aufsteigend, und in der Hauptsache Kalksteingebirge von ähnlicher Art, wie die Sierra de Cubitas und andere, auch wie diese reich an Höhlen sowie an Flußschwin-

Abb. 67. Bucht von Regla mit Leichterboot.

Die Ebenen von Santa Clara.

Abb. 68. Mangogärten und Landstraße bei Bejucal.

den (des Rio San Agostin, des Rio Jiquibu u. s. w.) und Riesenquellen, und wohlbewährte Zufluchtsstätten der Insurgenten. Die Tetas de Buenavista, die Lomas de Sagua (Loma Malpais, Loma Mamey u. s. w.) und die Sierra Morena bilden ihre niedrigen Fortsetzungen entlang der Küstenniederung. In der Sierra de Agabama nördlich von dem Oberlaufe des mehrfach erwähnten Stromes, sowie in der Sierra de Escambrey, die die Wasserscheide zwischen dem Rio Agabama und den beiden Saguas bildet, treten ältere Gesteine mit Erzlagerstätten, Asphaltbetten u. s. w. in den Vordergrund, und es ist dadurch die Verbindung mit dem südlichen Gebirgslande gegeben. Zwischen den genannten Bergzügen und westlich davon liegen flachwellige Ebenen, die sich in der Gegend von Santa Clara ungefähr 120 m über den Meeresspiegel erheben, und die hier und da einen merkwürdig zerfressenen und zerlöcherten Kalkfelsboden, meist aber einen normalen rotbraunen oder graubraunen Verwitterungsboden zeigen. Die Stromtäler der beiden Saguas sind in diese Ebene ziemlich tief eingeschnitten, und mit ihren schönen Königspalmenhainen und Bambusbüschen bilden sie die ästhetischen Glanzpunkte der Landschaft. Im übrigen neigen die Ebenen auch hier stark zu Savannenbildung, und daneben bedeckt Guaven-, Mimosen- und Palmettogebüsch weite Strecken. Von Wirtschaftszweigen sind der Tabakbau und die Viehzucht weitaus am besten entwickelt und nur nordwestlich von Santa Clara zugleich auch der Zuckerrohrbau. Mit Verkehrswegen ist das Innere der Landschaft nur in seiner Westhälfte besser ausgestattet als das Camaguey, in der Osthälfte ist das Fortkommen ganz im allgemeinen ein sehr schweres, und selbst der Camino Central dient besser zum Reiten und Lastentransport als zum Fahren. Wandelnde Futtergrashaufen, aus denen vielfach kaum die Ohren des darunter begrabenen Pferdes oder Maultieres herausschauen (Abb. 59), mit Wasserkrügen oder mit Holzkohlenkörben schwer beladene Esel u. dergl. begegnen dem Reisenden in den Ortschaften der CincoVillas-Landschaft noch öfter als anderswo in Cuba.

Santa Clara oder landesüblicher Villa Clara (20 000 Einw.), ziemlich genau mittwegs zwischen Cienfuegos, Caibarien und der Saguamündung und in dem Quellengebiete der beiden Saguas gelegen, wurde als die zweitjüngste der „Fünf Städte" im Jahre 1683 begründet. Seinen verhältnismäßig neuzeitlichen Charakter offenbart es namentlich durch den Mangel schöner Kirchenbauten. Als Tabakmarkt mit 315

Abb. 69. Straße in Alt-Habana.

Tabakvegas in seiner Umgebung) sowie als östlicher Endpunkt des wohlentwickelten cubanischen Eisenbahnnetzes hat es hervorragende Handelsbedeutung, und im übrigen ist es Statthaltersitz der gleichnamigen Provinz, die sich im allgemeinen mit der Cinco-Villas-Landschaft deckt. Als Mittelpunkte zahlreicher Viehzuchtgeschäfte sind daneben erwähnenswert Placetas (2000 Einw.), mit Eisenbahnverbindungen nach Caibarien und Sagua, und Cartagena (1000 Einw.) am oberen Damujiflusse, als Mittelpunkte des Tabakbaues San Diego del Valle nördlich und Manicaragua südlich von der Hauptstadt; als Mittelpunkte des Zuckerbaues sowie als Eisenbahnknotenpunkte Esperanza (1500 Einw.) und Santo Domingo (3500 Einw.). Die beiden letzten Orte (Abb. 60) sind zugleich auch durch ihre Fruchtpräserveindustrie (Guavapräserven) berühmt, die auf Cuba leicht noch eine wichtige Zukunft haben könnte. Für die Landschaft insgesamt hat Santo Domingo zudem auch noch Bedeutung als ihr hauptsächlichster Ausgangspunkt zu Lande gegen die Vuelta Arriba hin.

VIII.

Um ein Urteil über das kulturgeographische Gepräge der westcubanischen Landschaften zu gewinnen, nähern wir uns der Insel von derselben Seite, von welcher der Hauptstrom der amerikanischen Reisenden und Nachrichten in sie einzufließen pflegt, und von welcher im Gefolge derselben schließlich die amerikanischen Kriegsschiffe herankamen, um die „Perle der Antillen" ihren vierhundertjährigen Besitzern zu entreißen — von Key West her. Das Meer, das wir dabei zu queren haben — die Floridastraße mit dem durch sie hindurchsetzenden Golfstrom — ist für die Regel nicht ganz so ruhig und sanft, als Kolumbus es zwischen den Bahamainseln und der Nordostküste Cubas fand, aber es ist schmal, und eine neunstündige Dampferfahrt bringt uns darüber hinweg.

Als ein ungeheuer weit gegen Ost und West ausgezogener, auch in der winterlichen Trockenzeit für die Regel von starkem Cumulusgewölk überlagerter Landstreifen, der uns von vornherein einen Begriff gibt von der gewaltigen Längserstreckung der Insel, taucht Cuba da vor unseren Blicken aus der bewegten blauen Flut auf. Und der Streifen ist merkwürdig genug gegliedert, um unser Auge gefesselt zu halten und uns zu seiner genaueren Prüfung herauszufordern. Indem wir gegen Südwest, in der Richtung auf Mariel und Bahia Honda, gewendet stehen, erblicken wir eine Stufenlandschaft von seltener Reinheit und Deutlichkeit. Eine niedrige Wand, die völlig horizontal verläuft, erhebt sich 30 oder 40 m über den Meeresspiegel, rechts steigt aber mit steiler Rampe eine höhere Wand über dieselbe, 120 oder 150 m hoch, und in ihrer ganzen Ausdehnung ebenfalls horizontal, und über diese wieder ragt noch weiter rechts, in ähnlichem Winkel aufsteigend und den ganzen Bau krönend, eine höchste Wand, an Länge bedeutender und wohl gegen 400 m hoch, oben aber auch ohne irgend welche sichtbare Störung ihres ebenen, maueregleichen Verlaufes, bis sie plötzlich weit im Westen ohne Vermittelung einer Zwischenstufe zur Niederstufe abstürzt. Wären die Ausmaße des Ganzen nicht zu riesenhaft, so könnte man an das kunstvolle, regelstrenge Gefüge eines menschlichen Baumeisters denken. Ein grundverschiedenes Bild gewahren wir aber, wenn wir unseren Blick gegen Südost, gegen Guanobacoa und Jaruco hin, schweifen lassen. Da sehen wir die angegebene niedrige Wand sich sanft und allmählich gegen Ost hin erheben, um welliger und welliger zu werden und endlich in einer Hügellandschaft zu gipfeln, die nahezu die Höhe der Mittelstufe des Terrassenbaues hat; dann folgt ein rascher, aber keineswegs steiler Abfall zur Höhe der Niederstufe, dann ein allein stehender Brotlaibberg, und endlich in beträchtlichem Abstand von diesem ein Doppelgipfel von der Art der ostcubanischen Sillas (Sattelberge) und etwas höher als die Mittelstufe der Terrasse.

Der ganze Grundplan, nach dem Cuba aufgebaut und in seiner gegenwärtigen oroplastischen Gestalt zugerichtet worden ist, liegt da gewissermaßen klar vor unseren Augen — noch übersichtlicher und verständlicher als bei Baracoa und Punta Caleta. Auch in ihrem westlichen Teile ist die Insel offenbar nicht durch ein fortlaufendes, sondern durch ein ruckweises, von längeren Ruhepausen unterbrochenes Aufsteigen aus dem Meere — bezugsweise durch ein Zurückweichen des letzteren gebildet worden, und ihr ursprünglicher, in das Früh- und Mitteltertiär zurück datierender Stufenbau scheint in seiner Grundgestalt im äußersten Westen viel besser und allgemeiner erhalten zu sein, als irgendwo sonst. In dem östlichen Teile des von uns überschauten Bildes deuten ihn nur einzelne Erhebungen noch dunkel an, und im allgemeinen ist er daselbst ähnlich wie in dem Camaguey und in dem nördlichen Teile der Cinco-Villas-Landschaft von den Atmosphärilien vielleicht unter der Beihilfe von Erdbeben von Grund aus zerarbeitet, abgeschliffen und abgetragen. Wir haben da zugleich auch den durchgreifenden Unterschied zwischen den beiden Landschaften des cubanischen Occidentes, dem Terrassenlande der Vuelta Abajo und dem Hügel- und Flachlande der Vuelta Arriba, die an dem schmalen Isthmus von Batabano miteinander verwachsen sind. Würden wir übrigens das nordwestcubanische Küstenbild weiter gegen Ost verfolgen und zur See bis auf die Höhe von Jaruco oder Matanzas gelangen, so würde uns die Vuelta Arriba nur noch eine Anzahl weiterer Brotlaib-,

Abb. 10. Fruchtverkäufer in Habana.

Tafel ·. Zuckerhut- und Sattelberge zeigen und zum Teil ganze Gruppen solcher Berge, auch der höchste derselben — der Pan de Matanzas, der als ein hübsches Seitenstück des Yunque von Baracoa bezeichnet werden darf und der eine ähnlich hervorstechende Landmarke für die Schiffer bildet wie dieser erreicht aber nicht ganz 400 m (386 m), und die allgemeine Physiognomie der Landschaft bleibt dieselbe. Und würden wir uns andererseits zu Schiff weiter westwärts, etwa bis auf die Höhe von Bahia Honda, begeben, so würden wir an der Vuelta Abajo die gleiche Beobachtung machen, nur würden wir den großen Treppenbau sich noch höher türmen sehen — im Pan de Guajabon 795 m·, und auf der Höhe würden uns auf ausgedehnten Strecken Hunderte von wilden Zacken schon aus der Ferne verraten, daß die cubanischen Luftgeister auch auf ihn nicht ganz ohne Einfluß geblieben sind.

Indem unser Dampfer seinen Kurs weiter verfolgt und ziemlich genau auf die Stelle zusteuert, wo die Niederstufe der Vuelta-Abajo-Treppe sich an das Hügelland von Guanabacoa anlehnt, unterscheiden wir allgemach freundliche grüne Gelände, die den Eindruck einer wohlangebauten Kulturlandschaft machen, die wir aber in keiner Weise großartig nennen können und die füglich auch einer ganz anderen, außertropischen Erdgegend angehören könnten. Da war das Bild von Santiago und seiner Umgebung von der See aus zweifellos viel bedeutender. An dem Fuße des Gehänges und dicht an dem Wasserrande, auf niedriger, brandungbespülter Klippenwand, hebt sich aber eine stattliche Front von Häusern und Türmen ab — Habana nebst seinen Vorstädten Vedado und Carmelo, die sich an die 5 km weit dem Meeresstrande entlang ausdehnen —, und wir können dabei keinen Augenblick im Zweifel darüber sein, daß wir es hier mit dem weitaus hervorragendsten städtischen Gemeinwesen zu thun haben, das in Cuba sowie in dem gesamten Westindien erwachsen ist. Dann tritt auf etwas höherer, wetter- und wogenzerfressener Korallenklippe, die ziemlich weit gegen Nordwest herausspringt, und die auf diese Weise zugleich einen wirksamen Schutz gegen den Seegang aus Nordost bietet, ein ähnliches altertümliches,

Abb. 71. Geflügelhändler am Taconmarkte von Habana.

Abb. 72. Maultierkarren auf der Plaza de San Francisco von Habana.

von einem hohen Leuchtturme überragtes Festungswerk aus der Häusermasse hervor, wie an dem Eingange in die Santiagobucht und ebenso wie dort Morro geheißen, und zwischen diesem Morro und der ihm gegenüber liegenden Hilfsbefestigung der sogenannten Punta, geht es durch eine enge (nur 340 m breite) und ziemlich lange, aber verhältnismäßig gefahrenfreie und gerade Einfahrt (Abb. 62) in die gewaltige Habanabai (vgl. das Übersichtskärtchen, Abb. 61), die Schiffe aller Größen in jeder denkbaren Zahl aufzunehmen vermag und die unter den vielen guten Naturhäfen Cubas der beste genannt zu werden verdient. In ihrer Gestalt und Gliederung den allgemeinen Typus der handförmig in das Land eingreifenden nordcubanischen Buchten auf das treueste darstellend, verzweigt sie sich in ihrem Innern in die drei Teilbuchten von Marimelena oder Regla (im Osten), von Guasabacoa (im Südosten) und von Atares oder Tallapiedra (im Südwesten), und es wird dadurch sowohl für die Handels- und Verkehrs- und Wohnanlagen als auch für die Verteidigungswerke eine große Mannigfaltigkeit günstiger Positionen geschaffen. Abgesehen von einem kleinen Manglar an der Guasabacoabucht, ist ja der Baugrund in der Umgebung der Bai allerwärts ein guter, und während der durch die Marimelenabucht ausgeschnittene halb inselartige Landvorsprung im Nordosten eine ziemlich hohe (ungefähr 40 m), gegen Regla hin stufenförmig abfallende Kalksteinmesa (Abb. 62) darstellt, die als Trägerin der stärksten Bollwerke „gegen inn- und äußeren Feind" — des Morro, der Cabañacitadelle und des Sandiegoforts — in vorzüglichster Weise geeignet erscheint, so bildet die ihr gegenüber liegende Halbinsel, nördlich von der Tallapiedrabucht, eine nur schwach (5 — 6 m) über den Wasserspiegel der Bai erhobene Seboruco-fläche, die für die Bauten der Stadt sowie für die Entwickelung ihrer Hafenfront (Abb. 63 und 64), und ihrer Landungs- und Ladevorrichtungen hinlänglichen Raum und jeden denkbaren Vorteil sowie jede mögliche Bequemlichkeit gewährte. Südlich und westlich von dieser ebenen Fläche aber erheben sich 30 — 50 m hoch eine Anzahl gerundete Hügel und Kuppen, die eben so gut zur Vervollständigung der kriegerischen Wehr der Stadt — zur Errichtung des Atares- und Principekastelles und der Santa-Clara-Batterie — wie zum Aufbau freundlicher und gesunder Landhäuser und Vororte des Cerro u. s. w. (Abb. 66) benutzt werden konnten. Die Frage, ob die Bai in irgend einem Winkel vollkommen sturmsicher sei, ist freilich zu verneinen, und die Orkane der Jahre 1768, 1810, 1844 und 1845 richteten unter den im Hafen vor Anker liegenden Schiffen furchtbare Verheerungen an. Das ist aber in anderen westindischen Häfen auch nicht anders, und wer in denselben handelt und verkehrt, der hat mit solchen Katastrophen allenthalben zu rechnen.

In dem Anblicke, den Habana und seine Bai dem Beschauer auf dem Schiffe gewährt, überwiegt das kulturhistorische, bezugsweise das militär- und wirtschaftsgeographische Moment das naturästhetische Moment bei weitem — ganz anders als bei der Santiagobai. Die Hügel- und Terrassenumrahmung der Bai nennt man freundlich und anziehend, die hellblaue Wasserfläche wie jede andere große Wasserfläche schön und herzerquickend, nach der von Cuba erwarteten üppigen tropischen Pflanzenpracht sieht man sich aber vergebens um, und Königspalmen erblickt man nur, wenn man sein Auge anstrengt, in weiter Ferne, so daß man sie als Zierde des Bildes nicht zu würdigen vermag. Wieder und wieder haftet das Auge aber an dem weit ausgedehnten grauen Gemäuer, das von der Höhe im Osten herunterdroht und das dem, der seine stumme Sprache versteht, so viel zu erzählen weiß — von den alten französischen Boucanieren, von dem englischen Korsaren Franz Drake und von einer langen Reihe holländischer und englischer Admirale und Flotten, die länger als anderthalb Jahrhunderte vergeblich bedrohten; wie dann die Engländer sich 1762 von der Landseite her nach hartem Kampfe mit starker Truppenmacht (14 000 Mann) in ihm festsetzten, bis ein großes Sterben über sie kam und sie wieder von dannen zogen; und von zahllosen Gefangenen und standrechtlich erschossenen Insurgenten endlich. Wie merkwürdig, daß diese gewaltigen Festungswerke, die zu einem beträchtlichen Teile auch dem Strategen der Neuzeit als starke und widerstandsfähige gelten müssen,

den Spaniern ohne einen Schwertstreich haben entwunden werden können, und daß sie nicht einmal dazu benutzt worden sind, die Amerikaner zur Milderung ihrer Friedensbedingungen zu veranlassen! Daß die strategische Bedeutung von Habana in dem spanisch-amerikanischen Kriege überhaupt nicht in Frage gekommen sei, wird derjenige, der den Zusammenhang der Dinge überblickt, allerdings schwerlich behaupten, und im Grunde genommen war es doch in viel hervorragenderer Weise die unblutige Blokade der Habanabai und die dadurch verursachte Aushungerung des Hauptteiles der Insel, welche die Entscheidung herbeiführte, als der blutige Kampf am Westfuße der Gran Piedra. Wie eine Insel von der Ausdehnung des süddeutschen Staatenkomplexes — 118 833 qkm, die alljährlich zwei oder drei Maisernten und ebensoviele Bataten-, Kartoffeln- und Bohnenernten von demselben Boden gewährt, ausgehungert werden konnte, bleibt dabei freilich eine offene Frage.

Doch nicht weniger Aufmerksamkeit als der Cabañafestung und dem durch gedeckte Gänge damit verbundenen Morro wenden wir dem Stadtbilde auf der Westseite der Bai sowie dem bunten Wasserleben rund um uns herum zu — dem alten Zollhause, das ursprünglich eine Kirche war, das aber nach seiner Entweihung durch die Engländer (1762) seiner gegenwärtigen unheiligen Bestimmung übergeben wurde, dem Hafenhauptmannsgebäude, dem Statthalterpalaste, den Türmen der Kathedrale, den weitläufigen Zeughausbauten, den Landungs- und Lagerhallen, den Gast- und Kaufhäusern, den Schiffen, die mit dem unsrigen im Hafen vor Anker liegen und unter denen auch ein paar spanische Kriegsschiffe nicht fehlen, und den Scharen der kleinen blauen, gegen Sonnenbrand und Regenguß (Abb. 67) mit niedrigem Zeltdach versehenen Leichterbooten, die uns nach Statt umspielen. Und auch angesichts dieses Bildes können wir uns gewisse kulturgeographische Reflexionen nicht ersparen. Wie ist es zugegangen, daß ein solches Zusammenstehen und Zusammenspielen der Dinge gerade an dieser Stelle statt hat und sonst an keiner anderen in Cuba oder Westindien? Warum hat Santiago seine Rolle als Hauptstadt Cubas schließlich ebenso

Abb. 73. Der Prado von Habana mit Ausblick auf das Meer.

an Habana abtreten müssen, wie Baracoa die seinige vorher an Santiago? Die alte Stadt San Cristobal de la Habana, die der cubanische Städteerbauer Velasquez als die erste von Westcuba im Jahre 1515 in der Gegend des heutigen Batabano, also an der Südküste der Insel, anlegte, wollte ja in keiner Weise vorwärts kommen. Wie glänzend ist aber ihr Aufschwung gewesen, nachdem man sie im Jahre 1519 an ihren heutigen Ort — an das Ufer des Puerto de Carenas Ocampos — verlegt hat!

weniger excentrisch, als bei der Santiagobucht, und würde doch namentlich die Cienfuegosbucht in dieser Hinsicht vor der einen wie vor der anderen vorzuziehen sein.

Sehr bedeutsam ist es aber für Habana gewesen, daß die Bucht gerade dort in den Inselkörper einschneidet, wo die beiden verschiedenartig gebildeten Landschaften der Vuelta Arriba und Vuelta Abajo, die sich als die kulturfähigsten von ganz Cuba erwiesen haben und die auf einem Vierteile der Inselfläche die größere Hälfte der Insel-

Abb. 71. Die Plaza de Armas von Habana.

Die angegebene Beschaffenheit der Habanabucht ist für das Aufblühen der Stadt selbstverständlich von höchster Wichtigkeit gewesen. Füglich sind die Vorzüge, welche dieselbe vor der Santiagobucht und einigen anderen voraus hat, aber keine so gewaltigen, und die Überlegenheit der Befähigung Habanas, als Regierungssitz und Hauptstützpunkt der spanischen Herrschaft zu dienen, sowie den Hauptvereinigungspunkt aller inneren und äußeren Handels- und Verkehrsbeziehungen Cubas zu bilden, kann damit in jedem Falle nicht vollkommen erklärt werden. Ist doch die Lage der Bucht auf der Insel auch kaum

bevölkerung beherbergen und ernähren, in der beschriebenen Weise aneinander stoßen. Die Produktionskraft und der Reichtum beider Landschaften hatte Habana solchergestalt einen gewissen Tribut zu zollen, und es mußte dies in einem um so höheren Maße der Fall sein, als es sonst um die seeseitigen Verkehrspforten im Westen Cubas nicht in jeder Beziehung wohlbestellt war. Ein noch größerer Vorteil war es aber, daß der schöne Naturhafen Habanas zugleich auch an der stärksten Verschmälerung Cubas — wo der Fisch- oder Eidechsenschweif der Insel sich dem langgestreckten Rumpfe anfügt — und daß es auf der

Abb. 75. Ärmere Vorstadt-Straße.

Südseite des betreffenden Isthmus bei Batabano eine brauchbare Reede für größere Küstenfahrer sowie für kleinere Hochseeschiffe gibt. Der Isthmus ist zwischen der Habanabai und der Küste von Batabano nur 42 km breit, zwischen der Bucht von Mariel und der Bucht von Majana aber sogar nur 27 km, und derselbe entspricht ebenso wie der mehrfach erwähnte Isthmus von Moron einer starken allgemeinen Verflachung und Erniedrigung des Inselbodens, so daß seine höchste Höhe über dem Meeresspiegel (bei Bejucal, Abb. 68) bloß 92 m beträgt. Schon am Ende des vorigen Jahrhunderts konnte man auf diese Weise das Projekt einer Kanaldurchstechung an den Isthmus knüpfen, und während es seiner Zeit der Volante und dem Reit- oder Lasttiere nicht mehr als eine kleine Tagereise nahm, auf der Landstraße von einem Meere zum anderen zu gelangen, so ist dies heute dem Eisenbahnzuge in einer oder in ein paar Stunden möglich. Standen die beiden Landschaften östlich und westlich von der Habanabucht nun schon zu Lande in einem gewissen Abhängigkeitsverhältnisse von der daselbst begründeten Stadt, so wurde dieses Verhältnis ein noch viel strengeres dadurch, daß sie auch auf ihrer ganzen Seeseite von deren Verkehrsfäden umsponnen wurden. Sehr bezeichnend werden die beiden Landschaften daher auch einfach nach ihrem Verhältnisse zu Habana benannt — die Vuelta Arriba als die Seite, von welcher der Wind (der Passat) für die Habanesen kommt, und die Vuelta Abajo als die, nach welcher er von ihnen aus weht. Was aber die ferner liegenden cubanischen Landschaften angeht, so gilt das über Santiago Gesagte natürlich auch von Habana: bei dem gesamten interprovinzialen Verkehr der Insel — bei dem Verkehre der Verwaltung und der Truppenkörper ebenso wie bei dem Verkehre der Handelsgüter und Reisenden — stand immer in erster Linie der Seeverkehr entlang der Küste in Frage, und dadurch, daß Habana besser als Santiago und besser als jede andere cubanische Stadt in der Lage war, die Nord- und Südküste gleichzeitig mit seinen Beziehungen zu umspannen, war es sozusagen die prädestinierte Hauptstadt der Insel in politischer ebenso wie in wirtschaftlicher und allgemein kulturgeographischer Hinsicht. Übrigens ist es hierbei sehr selbstverständlich, daß von einer strengen Centralisation der cubanischen Angelegenheiten in einem Punkte bei der weiten Auseinandergezogenheit der Insel niemals die Rede sein konnte, und die Rolle einer Nebenhauptstadt hat Santiago daher recht wohl weiter fortspielen können, wie es ja bis zu einem gewissen Grade auch mit Puerto Principe und Santa Clara der Fall war. Endlich liegt aber die Habanabai auch in der Gegend der stärksten Annäherung Cubas an das Gebiet der Nordamerikanischen Union und an deren Schnellverkehrsplätze Key West und Tampa, sowie in der Konvergenz dreier wichtiger Meerstraßen — die Floridastraße, des Bahamakanales (hier Nicolaskanal genannt) und der Yucatanstraße —, und hieraus hat sich die hohe Bedeutung ergeben, die Habana als „Clave del Nuevo Mundo" sowie als ein Hauptzielpunkt des europäischen und nordamerikanischen Dampfschiffsverkehrs gehabt hat. Darüber haben wir uns aber bereits ausgesprochen, und wir betonen daher hier nur noch, daß die strategische Wichtigkeit von Habana in dieser Beziehung leicht überschätzt werden kann. In dem Sinne, in welchem Gibraltar den Eingang in das Mittelländische Meer oder Aden-Perim den

Eingang in das Rote Meer beherrscht, kann Habana die bezeichneten Eingänge in den Mexicanischen Golf und in das Karibische Meer unmöglich beherrschen. Denn einmal sind dieselben ungleich weiter — die Floridastraße zwischen dem cubanischen Hicacoskap und dem floridanischen Kap Sable 195 km, der Nicolaskanal zwischem dem Bahia-Cadiz-Key und dem Salt Key der Bahamas 16 km, und die Yucatanstraße zwischen Kap San Antonio und Mugeres 185 km —, und sodann lassen sie sich in der Richtung auf das Karibische Meer und den daselbst zu eröffnenden interoceanischen Kanal auch leicht umgehen.

Doch wir können uns mit dem allgemeinen Übersichtsbilde, das uns Habana vom Hafen aus darbietet, nicht begnügen, sondern wir haben uns in einem der kleinen blauen Boote ans Land zu begeben und unsere kulturgeographischen Betrachtungen bei unseren Streifzügen in der Stadt und ihrer näheren und ferneren Umgebung weiter fortzusetzen und auf allerlei Einzelheiten zu erstrecken. Dem Stadtteile in der Nachbarschaft des Hafens sind durchgängig sehr enge Straßen mit kaum anderthalb Fuß breiten Bürgersteigen eigentümlich (Abb. 69),

Abb. 76. Im Botanischen Garten von Habana.

und es ist weder den Fuhrwerken noch den Fußgängern darin möglich, ohne vielfache Zusammenstöße aneinander vorüber zu kommen, während sie im übrigen die Luftzirkulation behindern, üble Dünste festhalten und zum Teil dadurch wahre Pestherde bilden — Brutstätten des Gelb- und Malariafiebers sowie der Blattern- und Typhusepidemien. Eine gewisse Annehmlichkeit bieten sie nur insofern, als sie ein Wesentliches dazu beitragen, ihren Bewohnern lange Wanderungen in der Tropensonne zu ersparen, als sie die in sie einfallende Strahlenmenge auf ein Mindestmaß beschränken, und als sie es einem möglich machen, sie mit ein paar Schritten oder Sprüngen zu queren, wenn sie sich durch die Güsse der Regenzeit alltäglich zu wiederholtenmalen in fußtiefe Bäche verwandeln. Alles in allem hat man sie aber als ein Erbe aus alten Zeiten oder sozusagen als ein historisches Überlebsel zu betrachten, das für andere Bedürfnisse als die heutigen berechnet war, und das man nicht ohne weiteres beseitigen kann. Als diese Straßen und die sie einrahmenden festungsartigen Häuser mit ihren eisenvergitterten glaslosen Fenstern und ihren schwer beschlagenen starken Holztüren entstanden, drohten noch die Einfälle der Korsaren und Boucaniere sowie der Holländer und Engländer, und es war nötig, das ganze Gemeinwesen in eine Ringmauer einzuschließen. Dabei galt es aber Raum zu sparen, und da in den Straßen beinahe ausschließlich Lasttiere und Reiter sowie Fußgänger verkehrten und selbst Ochsenkarren Ausnahmserscheinungen waren, während sich die Sanierung in der noch kleinen Stadt von selbst bewirkte, — wie in mancher europäischen Kleinstadt wohl auch — durfte man diese Rücksicht ohne weiteres walten lassen. Heute ist der Verkehr der Wagen und Personen in einzelnen von diesen Straßen, wie namentlich in der Calle Obispo und Calle O'Reilly, sowohl in den Morgen- als auch in den späten Nachmittagsstunden ein sehr starker, und der nicht an das Schauspiel Gewöhnte kann sich dabei nicht enthalten, das Geschick zu bewundern, mit dem die Rosselenker ebenso wie die Wanderer auf den Bürgersteigen die vorhandenen großen Schwierigkeiten zu überwinden wissen. Übrigens begegnet man natürlich auch unter den Formen des Verkehres manchem historischen Überlebsel, das vor zwei- oder dreihundert Jahren von Spanien nach Cuba verpflanzt worden ist und das heute in seiner ursprünglichen Heimat kaum noch zu erblicken sein dürfte, das aber hier unter der Tropensonne noch kräftig weiter blüht. Die alte Volante zwar sucht man heute vergebens in Habana, und statt ihrer jagen Wagen von derselben Art wie in den europäischen Hauptstädten hin und her, und dazu auch Omnibusse, Pferdebahn-

Abb. 77. Im Botanischen Garten von Habana.

Abb. 78. Die Kathedrale von Habana.

wagen und Dampfstraßenbahnzüge. Ein guter Teil der Verkaufsgegenstände, die für den täglichen Gebrauch der Stadtbevölkerung vom Lande her nötig sind, wird aber immer noch auf den Rücken von Pferden, Eseln und Maultieren herbei gebracht und in den Straßen oder auf dem großen und wohleingerichteten Taconmarkte feilgeboten (Abb. 70 und 71). Größere und schwerere Transporte vom Lande in die Stadt vollziehen sich aber vorwiegend in roh gebauten, zelttuchüberspannten und nach dem Tandemprincip von Maultieren gezogenen Karren (Abb. 72), denn die Landstraßen sind auch in der Nähe der Hauptstadt der Mehrzahl nach schlecht — wenigstens in der Zeit der Regen —, und nicht weniger schlecht ist auch das Steinpflaster in der Stadt selbst. Wird die neue Ära, die über Cuba hereingebrochen ist, dies alles von Grund aus ändern? Und werden die Amerikaner, die sich anschicken, die Führung in dieser Ära zu übernehmen, den Stumpfsinn und den Schlendergeist zu bannen verstehen, der bei diesen Zuständen zweifellos mit im Spiele ist? Im eigenen Lande haben dieselben sich als Straßenbauer bisher nicht sonderlich bewährt, und ihre Stadtverwaltungen erfreuen sich ebenfalls beinahe durchgängig nicht eines sehr guten Rufes. Füglich fegt aber mancher Besen in der Welt weitaus am besten und wirksamsten vor der Thür des Nachbars. Daß sowohl der Landstraßenbau als auch das Instandehalten des Straßenpflasters in dem Tropenklima Cubas noch erheblich größere Anstrengungen erfordern machen wird, als in dem Klima Nordamerikas, ist wohl sicher.

Das neuzeitliche Habana liegt außerhalb der alten Ringmauern, und hier bieten die breiten, von westindischen Lorbeerbäumen beschatteten und von stattlichen Häusern und Bogengängen begleiteten Straßen (Abb. 73) zahlreiche Bilder vornehmen Glanzes, und in einem noch höheren Grade die mit Palmen, Hibiscus und Rosen sowie mit Bildsäulen und Springbrunnen schön geschmückten und von Kaffee-, Gast-, Schauspiel und Klubhäusern umrahmten Plazas (Abb. 74) — die letzteren vor allem am Abende, wenn sie von elektrischen Lichtern erhellt und von Scharen von Lustwan-

Abb. 76. Guanabacoa.

beluden sowie von den Klängen von Musikbanden belebt sind. Noch weiter draußen stoßen wir freilich zum Teil wieder auf sehr ärmliche Straßen, in denen das Elend daheim ist (Abb. 75), und die große Zahl zerlumpter Bettler bringt auch einen schlimmen Mißton in das heitere Leben der Plazas. Übrigens sondern sich aber Arme und Reiche, Schwarze, Weiße und Gelbe in Habana keineswegs nach derselben strengen Regel wie in den Städten der Union in besonderen Stadtvierteln voneinander ab, sondern es herrscht in dieser Beziehung ein ziemlich buntes und regelloses Durcheinander, und unmittelbar neben dem Palaste oder der Quinta eines Großkaufmanns oder Granden, an dem Marmorsäulen und sonstiger Zierat nicht gespart worden sind, stoßen wir vielfach auf recht bescheidene Häuschen oder Hütten.

Wer in Habana echte Tropenbilder schauen will, — schöne Reihen und Gruppen von Königs- und Kokospalmen, mächtige Bambusen, vollkronige Mango- und Aguacatebäume, saftgrüne hohe Bananenstöcke und dergleichen — den müssen wir nach dem Parke bei der Quinta des Generalstatthalters führen oder nach dem Botanischen Garten am Fuße des Castello del Principe (Abb. 76 u. 77). Haben wir aber, um unsere Anschauungen betreffs der Stadt zu thunlichst vollständigen zu machen, nicht unsere Schritte schließlich auch noch über dieses Festungswerk hinaus nach dem großen Kirchhofe zu lenken und dort die zahlreichen prunkvollen Denkmäler in Augenschein zu nehmen, sowie daneben die zahlreichen frisch und flüchtig zugescharrten Gräber von den Opfern der letzten Blattern- und Gelbfieberepidemie? Der Tod arbeitet in Habana zu Zeiten so rasch, daß der Totengräber nicht gleichen Schritt mit ihm halten kann, und besonders ist dies in den Zeiten der letzten Insurrektion der Fall gewesen. In normalen Jahren ist die Sterblichkeitsziffer von Habana zwar eine hohe (34,1 auf das Tausend), bei weitem aber nicht die höchste, welche von den größeren Städten zu verzeichnen ist (Madrid 41,6 und Mexico 45 auf das Tausend), und wenn das in mancher Beziehung sehr im argen liegende Sanitätswesen der Stadt reformiert würde, so würde dieselbe vielleicht den gesündesten Städten der Erde zuzählen sein. Gegenwärtig ist außer den engen Straßen der Geschäftsstadt namentlich das unzweckmäßig angelegte Abzugskanalsystem, das unmittelbar an dem Hafeneingange in das Meer mündet, ein schreiender Uebelstand. Von den Sterbefällen sind aber in gewöhnlichen Zeiten nicht ganz 8 Prozent dem Gelben Fieber, 22 Prozent dagegen den Erkrankungen der Atmungsorgane, und reichlich 12 Prozent Unterleibsentzündungen zuzuschreiben.

Eine eigentliche Industriestadt hat Habana so wenig werden können als irgend eine andere Koloniestadt in den Tropen. Kein Besucher der Stadt sollte es aber versäumen, einen Einblick in eine von den vierzig großen Cigarrenfabriken zu nehmen, die daselbst im Werke sind, die Welt mit dem köstlichen Genußmittel zu versorgen, durch das Habana in allererster Linie berühmt ist.

Ein kurzer besonderer Besuch gilt dann noch der im Jahre 1724 erbauten Kathedrale (Abb. 78) nebst der darin angebrachten Gedächtnistafel von Christoph Kolumbus (Abb. 2) sowie dem kleinen besonderen Gedächtnistempel nahe dabei (Abb. 3), der dem großen Entdecker errichtet worden ist. Ob die Asche desselben im Jahre 1795 thatsächlich von Santo Domingo nach Habana übergeführt wurde und demgemäß im Jahre 1898 wieder von Habana zurück nach Spanien, muß freilich als sehr fragwürdig gelten.

Die Einwohnerzahl von Habana betrug im Jahre 1827: 94023, im Jahre 1877: 198721 und im Jahre 1887: 200448, und die beiden letzten Ziffern lassen auf einen gewissen Stillstand der Entwickelung schließen, was bei der beschriebenen allgemeinen Lage, in der sich die ganze Insel in den letzten Jahrzehnten befunden hat, nicht zu verwundern ist. Das Verhältnis der Männer zu den Frauen stand 1887 wie 112 : 88, ähnlich wie in anderen Kolonialstädten, das Verhältnis der weißen Rasse zu der farbigen aber wie 74 : 26, in bemerkenswertem Gegensatze zu Santiago, und die Zahl der weißen Nichtspanier war im ganzen nur 6500.

IX.

Die Vuelta Arriba ist durch den bunten Wechsel ihrer Bodenformen und die davon abhängige Pflanzenbekleidung eine der reizvollsten und schönsten sowie auch zugleich der reichsten von ganz Cuba. Zu dem kleinen Hügelgebirge von Guanabacoa, das sich bis 170 m über dem Meeresspiegel erhebt, ist der Anstieg von Regla (10000 Einw.), dem Fähr- und Eisenbahnvororte Habanas östlich der Vai, ziemlich steil. Auf seinen Höhen — dem Monte Blanco, dem Monte Villareal, der Sierra de San Martin angekommen, darf sich der Bürger der Großstadt aber im Vollgenusse aller Herrlichkeiten fühlen, die die „isla la mas hermosa" des Kolumbus dem Auge zu bieten vermag,

Abb. 80. Der Almendaresdurchbruch bei Puentes Grandes.

des Rückblickes auf die Häusermenge und das Festungsgemäuer Habanas sowie auf seine von Schiffen und Booten belebte Bai, des Überblickes über die Palmenthäler und Palmenhänge sowie über die bebuschten und begrasten Cerro und Lomagipfel mit ihren weidenden Rindern rings umher, und des Ausblickes auf das weite Meer im Norden, zu dem das Gebirge jäh genug abstürzt. Dazu umweht ihn die frische, kräftige Passatbrise, und er kann von

die Viehzucht. Gegen Süd und Ost verflacht sich das Guanabacoagebirge allmählich, und während die namhaft gemachten höheren Teile aus Tertiärkalk bestehen, so tritt hier seine Diorit- und Serpentinfelsgrundlage an den Tag, bei Las Minas mit eingebetteten Eisen- und Kupfererzlagern. Der oberflächliche graue Boden ist von zahlreichen großen Steinblöcken überstreut, die ausgewittert sind, und die spärliche Vegetation der Espartillograsbüschel (Ky-

Abb. 81. Cubanischer Orangenhain.

der niederdrückenden Schwüle und Enge und von den Anstrengungen und Schweißtropfen der Geschäftsstraßen frei aufatmen. Mit gutem Grunde ist Guanabacoa (12 000 Einw.) daher seit lange ein beliebter Landhaus- und Wohnvorort von Habana gewesen (Abb. 79), und der Personenverkehr auf der Eisenbahn zwischen den beiden Städten ist ein sehr reger. Für größere Kulturen lassen die engen Thäler und die steinschuttbedeckten Hänge des kleinen Gebirges aber im allgemeinen keinen Raum, und so blüht in der Gegend nur etwas Gartenbau zur Versorgung der Hauptstadt sowie daneben

lingia filiformis), der gelben Heiligendisteln („Cardio Santo") und der Opuntien, die in ihm wurzelt, und die kaum für einige Esel und Ziegen hinreichende Nahrung bietet, bekundet seine Unfruchtbarkeit. Den Eisenbahnbau zwischen Habana und Matanzas hat diese flachwellige und nur von einigen kleinen Flüßchen durchschnittene Thalgegend aber sehr wesentlich erleichtert.

Sowohl südlich als auch östlich von ihr steigt dann wieder wirkliches Gebirgsland auf, und dem Auge erscheint dasselbe aus der Ferne, und vielerorten kaum minder in der unmittelbaren Nähe, als gerade-

Abb. 62. Strand des Pamurilhafens.

zu großartig. In seinen tieferen Lagen allenthalben in einen dichten Mantel von üppigem Tropengrün gehüllt, und im Vordergrunde beinahe immer herrliche Königspalmenhaine tragend, zeigt es uns doch höher oben zugleich auch so zahlreiche kahle, weißleuchtende Felswände und so vielgestaltige Zinnen, Zacken und Hörner, daß wir meinen, es müsse sich um eine sehr ansehnliche Erhebung über den Meeresspiegel handeln. Thatsächlich sind es aber auch nur Hügelgebirge, deren Gipfel kaum 300 m Höhe erreichen, mit denen wir es zu thun haben — im Süden eine lose Aneinanderreihung kleiner Sierren und Tafelberg- und Lomagruppen, zwischen denen sich ähnliche flachwellige Thalgegenden ausbreiten, wie die erwähnte größere und tiefere, welche das Guanabacoabergland begrenzt; und im Osten ein dichtes Gedränge solcher Ketten und Gruppen, die teils durch tief eingerissene Thalschluchten mit wilden Kalkfelspartien, teils durch mehr oder minder weite Roterdeebenen („Llanuras") voneinander getrennt sind. Das erstere Bergland, das wir als Bergland von Managua bezeichnen, begreift vor allem die weithin sichtbaren Tetas de Managua (223 m) und die Sierra de Camoa (272 m) in sich und dacht sich westwärts zum Isthmus von Batabano, südwärts zur Niederung des Matamanogolfes und ostwärts zu den großen Roterdeebenen von Guines und Aguacate ab, an den meisten Orten mit stark abgeböschten, aber immerhin deutlich bemerkbaren Stufen. Es bildet einerseits das Quellgebiet des westlich bei Habana mündenden Rio Almendares (im Unterlaufe Chorrera genannt) und andererseits dasjenige des Rio de Guines (Mayabeque), der sich östlich von Batabano in den Matamanogolf ergießt, und den der betreffenden Gewässern und den sie schwellenden Regengüssen inne wohnende Energie ist es offenbar vor allen Dingen gewesen, welche das Bergland zu dem gemacht hat, was es heute ist. Der Almendares bezeugt diese Energie wenige Kilometer oberhalb seiner Mündung noch nachdrücklich genug, und auch sein Hochwasser steigt bisweilen auch dort noch gegen 12 m über sein Niederwasser (Abb. 80). Bei der vorherrschenden Kalksteinnatur war es übrigens auch hier in sehr bedeutendem Maßstabe die

unterirdische Erosion, welche die Wirkung hervorrief, und neben der großen Zahl bekannter Höhlen, die das Gebirge durchsetzen, und die zum Teil erst an seinem letzten Stufenabsatze ans Tageslicht ausgehen, ist dabei wahrscheinlich eine noch beträchtlichere Zahl unbekannter sowie zusammengebrochener vorzeitlicher in Anschlag zu bringen. Hier weisen wir nur auf die großen Höhlen von Las Comas (Tapaste) hin, die im letzten Aufstande ein wichtiges Insurgentenversteck bildeten, sowie auf die Höhlen von Cotilla und Toribacoa. Wirtschaftsgeographisch ist das Managuabergland gleich dem Guanabacoaberglande vorwiegend eine Stätte der Viehzucht, und der Zuckerrohrbau sowie daneben die Fruchtkultur (Abb. 81) und der Tabakbau sind nur in der Randgegend bedeutend, vor allem bei Santiago de las Vegas (6000 Einw.), bei Bejucal (8000 Einw.), bei San Antonio des las Vegas (1200 Einw.), bei Melena del Sur (1000 Einw.), und bei Guines (7000 Einw.). Diese Orte sind gleichzeitig Hauptstationen der das Bergland im weiten Bogen umkreisenden Eisenbahn, und Guines dankt seine Bedeutung vor allen Dingen dem Netze von Bewässerungskanälen, das seine Ebene durchzieht. Das nahe bei Habana gelegene Santa Maria del Rosario ist durch seine Heilquellen namhaft.

Das andere Bergland, das wir Bergland von Jaruco nennen, und das in den Montes de Don Martin (300 m) und in der Sierra de Sibarima gipfelt, fällt gleich dem Guanabacoaberglande steil zum Meere ab, während es sich im Südwesten eng an das Managuabergland anlehnt und auch im Osten nur unvollständig gegen das benachbarte Bergland von Canasi abgegrenzt werden kann. Die Stromthäler des Rio Jaruco und des Rio Santa Auz, die es in südöstlicher Richtung durchschneiden, sind außerordentlich malerisch, und die Roterdeebenen von Jaruco (2500 Einw.), Bainoa Aguacate (2000 Einw.) und Jibacoa enthalten eine beträchtliche Zahl großer Ingenios.

Ähnliches gilt auch von dem prächtig bewaldeten Berglande von Madruga, jenseits der reichen Ebenen von Guines und Aguacate, dem besonders die Montes de la Esperanza und die Lomas de Jiquima (341 m) zugehören, und desgleichen von

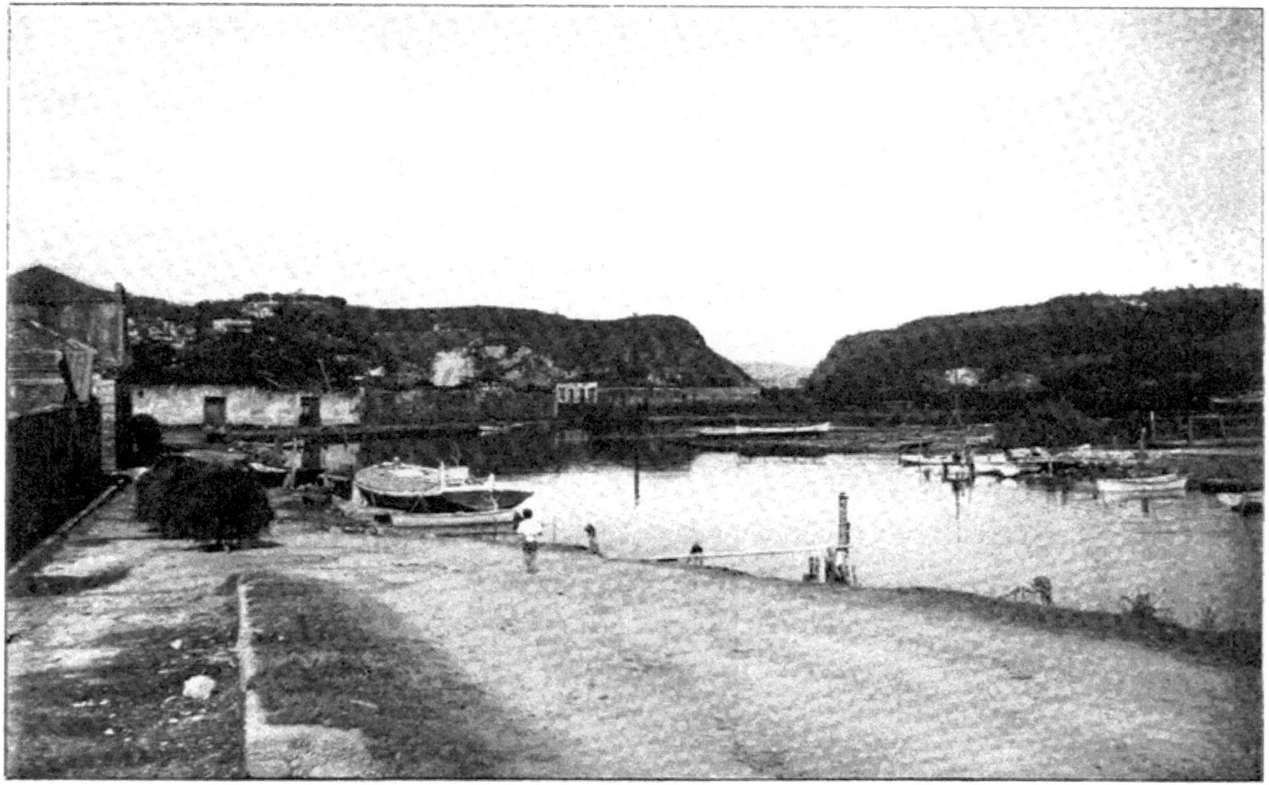

Abb. 83. Jumuridurchbruch.

dem gegen Nordost hin damit verwachsenen Berglande von Canasi, in dem sich das schöne Bergpaar des Palenque und des Pan de Matanzas (386 m) als der letzte Rest einer ehemaligen Hochstufe des ursprünglichen Terrassenbaues auffällig über die Sierra de Camarones (193 m) erhebt, und in dessen nordöstliche Kalksteinmesa (die Cumbremesa etwa 70 m hoch) das berühmte Yumurithal (Abb. 82) eingegraben ist. Das letztere große Kesselthal, dessen ebene Sohle sich nur schwach über den Meeresspiegel erhebt, dürfte schwerlich wohl anders gebildet worden sein, als durch unterirdische Erosion und durch nachfolgenden Höhleneinsturz, und eine ähnliche Entstehungsgeschichte glauben wir überhaupt vielen der berührten, von steilen Berghängen umwandeten Roterdeebenen zuschreiben zu müssen. Kleinere Kesselthäler von der Art der Karstdolinen — die natürliche Begleiterscheinung der Höhlen — sind in keinem der angegebenen Gebirge selten, und ganz im allgemeinen darf man füglich die cubanischen Kalksteinlandschaft als eine durch das Tropenklima modifizierte Karstlandschaft bezeichnen. Die Schichtung des Kalksteins ist in den genannten Gebirgen vielfach stark gestört, und ganz besonders ist dies auch der Fall an dem Yumuridurchbruche (Abb. 83) durch die Cumbremesa, meist scheinen diese Störungen aber die Folge von Höhleneinstürzen zu sein.

Denselben Familiencharakter und dieselben hohen natürlichen Reize besitzt schließlich auch noch das Hügelgebirge von Limonar, zwischen Matanzas und Cardenas, dem die Tetas de Camarioca (340 m) und die Lomas Grandes sowie die bekannten schönen Tropfsteinhöhlen von Bellamar an dem hohen Ostgestade der Matanzasbai (Abb. 84) zuzurechnen sind. Der Eisenbahnbau stieß in den zuletzt genannten Hügelgebirgen auf erhebliche Schwierigkeiten, da sowohl zahlreiche Strom- und Schluchtüberbrückungen als auch verschiedene Felsdurchstiche nötig waren.

Östlich und südlich von dem Limonargebirge sowie östlich und südlich von dem Madrugagebirge tritt aber eine allgemeine Verebnung der Landschaft ein, und es tauchen daselbst nur hier und da noch unbedeutende Lomazüge auf. Der stark kalkhaltige rote Verwitterungsboden dieser weiten Ebene, die ostwärts ohne irgend welche Grenzscheide in die Ebenen der Las-Villas-Landschaft übergeht und die an der Hauptsache von dem Rio Camarones, dem Rio de Palmas, dem Rio Hanabana und dem Rio Negro entwässert wird, besitzt im allgemeinen eine große Fruchtbarkeit, und auf ihm hat die cubanische Zuckerrohrkultur ihre hervorragendste Heimstätte gefunden. Fast könnte man sagen, daß die ganze Gegend ein einziges, wogendes Zuckerrohrfeld sei (Abb. 85), und die aneinander stoßenden Distrikte von Colon und Alfonso XII, die den Hauptteil der Ebene umfassen, enthalten nicht weniger als 25 Prozent von der Gesamtzahl der cubanischen Ingenios (Abb. 86). Als die Hauptmittelpunkte der betreffenden Industrie und der Zucker- und Melassebereitigung haben wir aber neben Colon (6000 Einw.) und Alfonso XII (2500 Einw.) namentlich die Eisenbahnknotenpunkte La Union (2000 Einw.) und Jovellanos (5000 Einw.) sowie Sabanilla del Eba (2000 Einw.), Bolondron (1200 Einw.), Corral Falso (2500 Einw.), Jaguey Grande (1000 Einw.), Cuevitas (1500 Einw.), Guamutas (2000 Einw.) Cimarrones (1800 Einw.) und Lagumillas (2500 Einw.) zu verzeichnen.

Südlich von diesem ungeheuren Garten, in dem ein guter Teil von wirtschaftsgeographischen Fähigkeiten Cubas beruht, breitet sich dann, von zahlreichen großen Lagunen durchsetzt und von dem schleichenden Rio Gonzalo und Rio Negro durchzogen, die ungeheure Sumpfwildnis der Cienaga de Zapata aus, die sich durch die Cochinosbucht in eine Ost- und Westhälfte gliedert, und diese bietet zur Zeit auch ein reiches Feld für den Naturforscher — den Botaniker so gut wie den Zoologen — aber noch in viel höherem Grade als die Sumpfgürtel des Camaguey einen trostlosen Boden für die Kultur. An ihrem Südrande erhebt sich ein trockenerer Landgürtel schwach aus dem Sumpfe heraus, der Boden ist aber dort im allgemeinen kahle Seborucofläche und ermöglicht lediglich die Existenz einiger armseliger Rauchos und Rinderherden. An der Seeseite begleiten die große Cienaga Untiefen und Sandbänke, sowie weiter westlich Korallenriffe und Keys, und im allgemeinen kann ihre Küste als vollkommen unnahbar gelten.

Auch die weit gegen Süd geöffnete Cochinosbai und die Cazonesbai machen von dieser Regel keine Ausnahme. Übrigens setzt sich die Cienaga in einem schmaleren Streifen entlang dem Golfe von Matamano weiter fort, und Batabano (2500 Einw.) bleibt auf diese Weise der einzige Landungsplatz, den die Vuelta Arriba an der Seite des Karibischen Meeres für Schiffe bis 3 m Tiefgang besitzt. Sie ist in einem noch höheren Maße als selbst das Camaguey an dieser Seite ein geschlossenes Land.

Damit die reiche Produktion der Landschaft nicht Habana allein zu gute komme, ist aber ihre Nordküste wesentlich anders beschaffen. Auf die große Bucht von Cardenas, die noch dem Bereiche der großen nördlichen Korallenkeystur angehört, ist bereits hingewiesen worden. Da dieselbe Fahrzeuge von hinreichendem Tiefgange aufzunehmen vermag und mit der Habanabucht den Vorteil der gegen Nordamerika vorgeschobenen Lage teilt, so nimmt die Ausfuhr der großen Zuckerdistrikte von Colon und Jovellanos, mit dem sie durch zwei Eisenbahnen verbunden ist, größtenteils über ihren Weg. An ihren Ufern aber nahm die erst im Jahre 1828 an dem niedrigen Mangroveufer begründete Stadt Cardenas (25 000 Einw.) einen raschen und hohen Aufschwung, als Zuckerausfuhrhafen mit Cienfuegos wetteifernd, und auch ein ähnliches unhistorisches, hervorragende Bauten entbehrendes, aber sauberes Gepräge zur Schau tragend. Mit Habana ebensowie mit Sagua la Grande und Caibarien steht Cardenas im regelmäßigen Küstendampferverkehr. Ein kleinerer Hafenplatz an derselben Bucht, der ebenfalls von amerikanischen Zuckerschonern besucht wird, ist Siguapa.

Westlich von der schmalen und niedrigen, mit Salzteichen besetzten Hicacoshalbinsel ist die Küste entlang dem Nordabfalle des Berglandes von Limonar ziemlich hoch und den größten Fahrzeugen bequem nahbar, und bei gutem Wetter bieten die kleinen Buchten von Veradero und Comacho brauchbare Ankerplätze. Höheren Verkehrsansprüchen genügt aber die mächtige und tiefe Matanzasbucht (Abb. 87 und 88), die durch von Osten her (von der Punta Maya) vorspringende Korallenriffe besser gegen den Seegang geschützt ist, als ihre weite Öffnung erwarten läßt, und die in ihren inneren Teilen zauberhaft schöne Landschaftsbilder bietet — in dieser Beziehung die Habanabucht wesentlich übertreffend. In dem in die Bucht mündenden Rio San Juan, der aus dem Madrugagebirge kommt (Abb. 89), können auch ziemlich große Boote, die Ladung nehmen wollen, unmittelbar vor den Lagerhäusern ankern. Die Stadt Matanzas (56 000 Einw.), die wir bereits auf der Karte von Ortelius (1587) verzeichnet finden und die ursprünglich, wie ihr Name sagt, nichts war als eine Rinderschlachtstätte, hat sich solchergestalt ebenfalls eines großen Teiles der Zuckerausfuhr der Vuelta Arriba bemächtigen können, und sie steht in dieser Beziehung Cardenas sowie Cienfuegos noch sehr beträchtlich voran. Durch ihre allgemeine Physiognomie, besonders durch ihre prächtige Plaza (Abb. 90 u. 91), durch mehrere schöne Kirchenbauten und durch zahlreiche freundliche Quintas und Gärten in ihren Vororten ein Bild hoher Blüte darbietend, hat sie durch die letzte Insurrektion schwerer gelitten als jede andere.

Westlich von der Matanzasbucht sind an der sehr geradlinig verlaufenden Steilküste des Berglandes von Canasi, Jaruco und Guanabacoa zwar so gut wie gar keine Gefahren für die Schiffahrt vorhanden,

Abb. 81. Die Höhle von Bellamar.

ebensowenig aber auch gute Zugänge in das Innere, und auf diese Weise hat Habana außer von Matanzas und Cardenas keinen weiteren Wettbewerb in seiner Eigenschaft als Haupthafen der Vuelta Arriba zu bestehen.

X.

Die cubanische Tabakkammer läßt als wirkliche Vuelta Abajo nur die Gegend zwischen dem Rio Hondo und dem Rio Cuyaguateje gelten und als „halbe Vuelta" — „Semi-Vuelta" — die von Artemisa westwärts, während sie den Landstrich unmittelbar südwestlich von Habana als die „Partidos" (etwa mit „Übergangsland" zu übersetzen) bezeichnet, und es läßt sich nicht verkennen, daß diese Einteilung der westlichsten cubanischen Landschaft eine gewisse Begründung in den physikalisch-geographischen Verhältnissen hat. Die Partidosgegend kann man ebenso gut Batabanoisthmusgegend nennen, und dieselbe ist in der That ein Mittelding zwischen der regelmäßig gegliederten Stufenlandschaft der Vuelta Abajo und dem wirren Durcheinander von Berg- und Thalformen der Vuelta Arriba, wie sie auch zugleich die Stelle bezeichnet, an der das Endglied des cubanischen Inselkörpers allmählich in seine von der allgemeinen abweichende südwestliche Längsachseneinrichtung einlenkt. Wer sich von der Chorreramündung bei Habana in gerader Linie auf Guanajay zu bewegt, dem wird der Stufenbau allerdings ziemlich klar, dem von der 10—12 m hohen Seborucosfläche am Meeresrande geht es da rasch empor auf eine ausgedehnte höhere Fläche von ungefähr 50 m Erhebung und von dieser wieder auf die 200 m hohe Mauer der Sierra de Anafe, die wir vor Mariel vom Meere aus gesehen haben. Die kleinen Lomas um den Ariguanabosee und in dem Rio San Antonio (Abb. 92) sind aber denjenigen der Vuelta Arriba durchaus ähnlich, und eine Überraschung bereitet uns eigentlich nur die See selbst sowie sein ebengenannter Abfluß. Bis 10 m tief, nahe an 10 km lang, 2,5 km breit und von etwa 15 qkm Flächengehalt, hat derselbe in dem Innern von Cuba nirgends ein ebenbürtiges Seitenstück, und höchstens könnte man von einer Anzahl viel kleinerer Wasserkörper in dem Hügellande

Abb. 85. Zuckerrohrfeld in der Vuelta Arriba.

Unterirdische Flußläufe und Höhlengänge.

Abb. 86. Außenhof eines Ingenio.

der Vuelta Arriba und in der Cinco-Villas-Landschaft behaupten, daß sie denselben Familiencharakter tragen; so etwa von der Laguna de Coabillas, südwestlich von Colon. Dagegen liegen ähnlich ausgedehnte Lagunen allerdings hier und da in der Küstennähe, vor allem in der Cienaga de Zapata (die große Laguna de Tesoro, nördlich von der Cochinosbai), und in dem äußersten Südwesten von der Vuelta Abajo (die Laguna Siguanea, Laguna Jovero und andere). Ebenso merkwürdig als naturästhetisch reizvoll ist an dem Ariguanabosee seine Gliederung durch von Nord und Süd vorspringende Halbinseln und Landspitzen sowie durch kleine Hügelinseln dergestalt, daß er aus mehreren ostwestlich aneinander gereihten Einzelbecken zusammengesetzt zu sein scheint. Noch merkwürdiger und interessanter ist es aber, daß er mit einem Systeme unterirdischer Flußläufe und Höhlengänge in Verbindung steht. Die Größe sowie die Schwankungen seines Wasservolumens lassen sich aus den oberflächlich einströmenden kleinen Bächen nicht begreifen und ebenso wenig auch das Wasservolumen des Rio San Antonio, der ihm an der Ostseite entströmt und der eine kleine Strecke unterhalb der Stadt San Antonio de los Baños plötzlich unter einem großen Ceibabaume spurlos verschwindet. Übrigens steht dieser Fluß mit seiner Schwinde in der Gegend keineswegs allein, sondern ähnlich wie er verliert sich auch der Rio de Guanajay, der

seine Quellen in der höhlenreichen Sierra de Anafe hat, und der den Ariguanabosee im Westen umfließt. Andererseits aber stoßen wir 14—18 km südlich von dem See auf zahlreiche große Höhlen, die teilweise mit Wasser gefüllt sind, wie die Cueva de Agua bei Guira de Melena, und an einfachen Wiesenquellen („ojos de agua" Wasseraugen) und Naturbrunnen („Pozos") fehlt es in der Gegend so wenig als anderweit in Cuba. Die Anzeichen, daß der Ariguanabosee gleichwie sein kleinerer Nachbarsee im Norden (die Laguna de la Pastora, die ihm ihren Abfluß zusendet) durch eine Folge von Höhleneinstürzen entstanden sei, sind hiernach sehr starke, wenn nicht geradezu zwingende. Gegenwärtig ist die kleine Doppellagune De la Pastora durch die Sinkstoffe, welche ihre Zuflüsse in der Regenzeit von der Sierra de Anafe herabbringen, in rascher Ausfüllung begriffen, und in einer nahen Zukunft wird dadurch der großen Zahl der cubanischen Roterdebenen eine neue hinzugefügt worden sein; und ähnlich, obzwar langsamer, schreitet der Ausfüllungsprozeß auch bei dem Ariguanabosee fort, so daß man ihm das gleiche Schicksal voraussagen muß. Bieten die beiden Seen damit aber nicht einen ganz guten Schlüssel zur Lösung des Rätsels, das sich an die fruchtbaren cubanischen Roterdebenen überhaupt knüpft? Die große Mehrzahl dieser Ebenen, deren tischplattengleiche Oberfläche oft so seltsam mit der unvermittelt daraus auftauchenden Umrandung von Steilhängen und Felswänden kontrastiert, dürfte unserer Meinung nach ebenfalls nicht anders entstanden sein, als durch den Zusammenbruch von Höhlengewölben und durch das Durchgangsstadium einer längeren Wasserbedeckung, in der die ruhige Ablagerung der „terra rossa" bewirkt wurde. Nicht weniger als an die Roterde ebenen des cubanischen Binnenlandes haben wir aber beim Hinblicke auf den Ariguanabosee an die nierenförmigen Hafenbuchten zurückzudenken, die eine andere gesellige Erscheinung bilden, welche der Insel Cuba in einem hohen Grade charakteristisch ist. Denken wir uns den Ariguanabosee zusammen mit der Laguna de la Pastora nur 8—10 km nordwärts gerückt, dergestalt daß sie dicht am Meere liegen, und lassen wir dann die trennende Schranke aus Korallenkalk, die sie noch von letzterem trennt, durch die dagegen donnernde Brandung oder durch ein Erdbeben oder durch einen allmählichen Senkungsprozeß des ganzen Küstenstriches fallen, so erhalten wir eine weitere nierenförmige Hafenbucht, so schön, als wir sie wünschen können, und an der betreffenden Stelle gleichzeitig eine bedenkliche kulturgeographische Rivalin der Habanabucht.

Eine der berührten Roterdeebenen, die die angegebene Entstehungsgeschichte gehabt haben dürfte, breitet sich südwestlich von der Sierra de Anafe um Guanajay aus. Südlich von dem Ariguanabosee aber verflacht sich die Partidosgegend ganz ähnlich, wie das anstoßende Hügelland von Managua, und bei Guira de Melena und Guanimar ist auch derselbe letzte Stufenabsatz zur sumpfigen Küstenniederung bemerkbar (mit den bereits erwähnten Höhlenöffnungen) wie dort.

Als das berühmteste Tabakland der Welt kann die Vuelta Abajo dem Reisenden, der nicht in alle Geheimnisse des fraglichen Wirtschaftszweiges eingeweiht ist, recht wohl hier erscheinen, denn die Zahl der Tabakvegas (Abb. 5 und 93) ist eine sehr große. Zur Erzeugung des feinsten Krautes ist der Boden aber nicht geeignet, und ebenso bedeutend als der Tabak ist in der Gegend der Zuckerrohrbau, ja an ihrem Südrande stehen sogar noch eine beträchtliche Zahl von Kaffeepflanzungen in Blüte. Für den Hauptort der Gegend, San Antonio de los Baños (8000 Einw. Abb. 94), spielen außer ihren berühmten Heilquellen die beiden letzteren Kulturen die Hauptrolle, für die Stadt Guanajay (6000 Einw., Abb. 95) dagegen neben dem Zuckerrohr- in sehr hervorragender Weise der Tabakbau. Die schönsten Kaffeegärten aber finden sich von alters her bei Alquizar und Guira de Melena, und alle diese Orte sowie auch der beliebte Sommerfrischen- und Seebadeort Marianao (10 000 Einw.) sind mit Habana durch Eisenbahnen sowie durch verhältnismäßig gute Landstraßen verbunden.

Westlich von Guanajay und Artemisa stoßen wir dann auf die höchsten Stufen des großen Treppenbaues, den die Vuelta-Abajo-Landschaft darstellt — auf die durch die Züge des Insurgentenführers Maceo berühmt gewordenen Rubihügel (etwa 200 m), die Lomas de Cuzco (450 m), den Monte Pelado (406 m), die Sierra del Rosario, die Sierra de Cacarajicara (etwa 600 m) und die mächtige Tafelbergmasse des Pan de Guajabon (795 m), in der das Ganze gipfelt, und mit der es gegen West wieder zu Stufen von geringerer Erhebung abfällt. Hier breiten sich unersteigliche Wände, wilde Klüfte, schöne Wasserfälle (der Rosariofall) und große Höhlen (von Seiba, Sumidero u. s. w.) in großer Zahl, und man sieht dabei ein, daß auch hier die meteorodynamischen Agentien, oder wenn man will, die tropischen Berg- und Luftgeister, gar viel von der ursprünglichen Gestalt der Landschaft zerstört und beseitigt haben. Der ganze Bau überschaut sich infolgedessen auch von innen heraus bei weitem nicht so bequem, als von dem Dampfer auf hoher See aus. Gegen Norden fällt das Gebirge, das wir mit dem in Deutschland üblich gewordenen Gesamtnamen der Sierra de los Organos (Orgelgebirge) bezeichnen, in der Gestalt steilhängiger Lomas ziemlich rasch zu einer schmalen Küstenniederung und mit dieser zum tiefen See (20 km nördlich vom Pan de Guajabon 1000 m) ab. Eine breitere Zone von Lomas und ein sanfteres allgemeines Gehänge begleitet die hohen Sierras dagegen im Süden, und erst südlich von der großen Heerstraße, die von Artemisa nach San Cristobal (als „Fahrstraße erster Ordnung" — Carretera

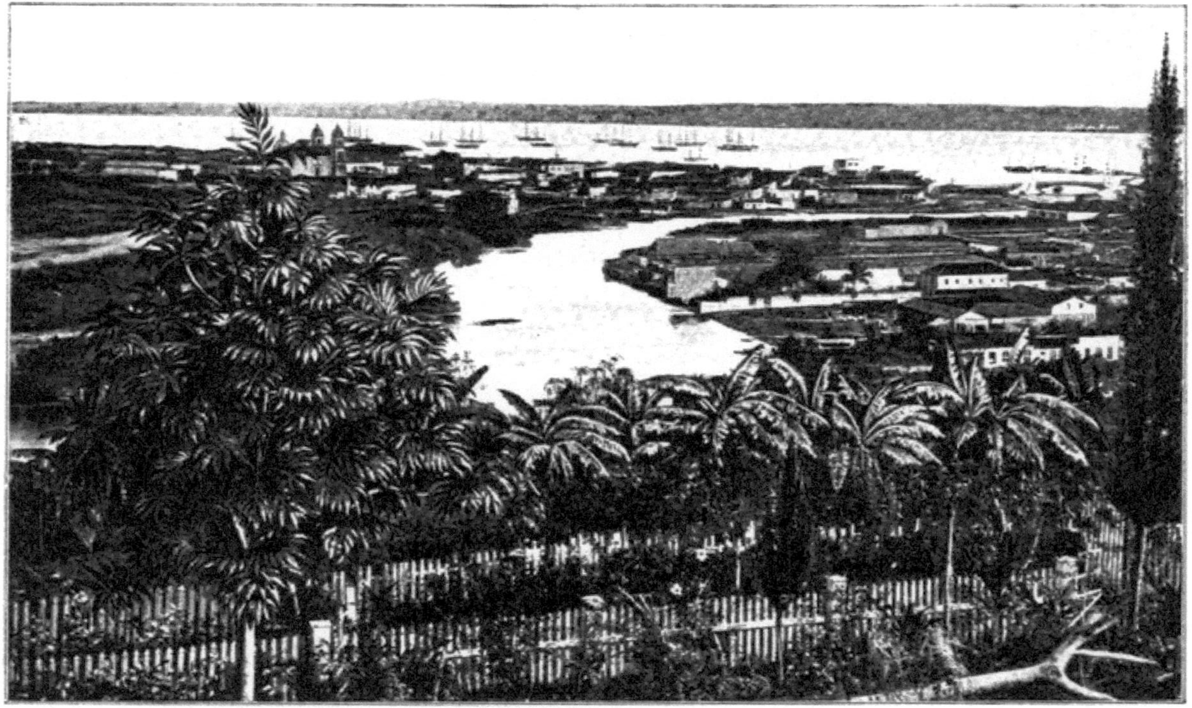

Abb. 87. Matanzasbucht und Yumurifluß.

de primer orden") führt und von da als bloßer „Camino Central" weiter nach Pinar del Rio und Guanes, tritt eine vollständige Verflachung zum schwachwelligen Tieflande und zur sumpfigen Küstenniederung ein. Das höhere Bergland (Abb. 96) trägt in dieser Gegend noch sehr allgemein sein ursprüngliches Weltkleid, und vor allen Dingen besteht dasselbe aus Pinal oder Pinar (Kiefernwald), von dem die politische Westprovinz Cubas ihren Namen führt, daneben hat aber der Palmar (Königspalmenwald) seine hervorragende Stelle so gut wie in den anderen Landschaften, und ebensowenig fehlt es an Coabas (Mahagonibäumen), Cedros (Cedrelen), Ceibas (Baumwollbäumen), Ebanos (Sideroxylon), Guavengesträuch u. s. w. Bei der Unzugänglichkeit des höheren Gebirges und der Reproduktionskraft der Tropennatur ist vielleicht auch nicht sehr zu fürchten, daß die etwa in einer nahen Zukunft vordringenden amerikanischen Terpentinsammler und Holzschläger dieselben furchtbaren Verwüstungen in diesen schönen Wäldern anrichten werden wie in ihrem eigenen Lande. Der Tabakbau hat sich an den Hängen und in den Thälern der südlichen Lomas eine wichtige Stelle erobert, und zu gewissen Zwecken wird das daselbst erzeugte Blatt hoch geschätzt, einen großartigen Umfang hat die Kultur aber seit alten Zeiten auf dem sandigen Lehmboden der Niederung zwischen Artemisa und Paso Real, behufs Gewinnung des schwersten und kräftigsten cubanischen Krautes. Der Zuckerrohrbau ist nur in der nördlichen Niederung zwischen Cabañas und Bahia Honda sehr namhaft, der Kaffeebau aber in der südlichen Niederung bei Candelaria. Die Viehzucht ist sowohl im Gebirge als auch im Tieflande schwach entwickelt, und nur in der Savannengegend südlich von Artemisa ist die Pferdezucht beträchtlich.

An dem Westabsturze des Pan de Guajabon verändert sich der Charakter der Gebirgslandschaft nicht unwesentlich. Die eigentlichen Hochstufen sind hier nicht mehr vorhanden, und die Hauptgipfel ragen kaum 300—400 m empor (der Pan de Azucar bei Viñales nur 330 m). Dagegen nimmt das Bergland einen breiteren Raum ein, und die Zerrissenheit und Wildheit der Ketten und Lomagruppen, die kreuz und quer nebeneinander liegen, ist eher eine größere als geringere. Namen der Hauptteile, wie Sierra del Infierno (Höllengebirge) und Los Organos (die Orgeln), deuten dies verständlich genug an, und an Höhlen ist dieser Teil Cubas wohl reicher als jeder andere und nicht minder auch an Naturbänken, die als die stehen gebliebenen Ruinen eingestürzter Höhlengewölbe aufzufassen sind. Bekannt sind vor allem die Höhlen von Ancon („Del Indio") von Isabel Maria, von Mantua und von Resolladero, sowie die Naturbrücken des Rio de los Portales, der oberhalb Guanes in den Rio Cuyaguateje mündet. Auch dem westlichen Hauptteile, der Sierra de Acosta, sind noch eine Reihe jener scharfen, zusammenhängenden Kämme eigen, die als „Cuchillas („Messer") bezeichnet werden. Die Thalbildung ist aber in der ganzen Gegend eine vorgeschrittenere und ausgedehntere, so daß der Verkehr quer über das Gebirge leichter bewerkstelligt werden kann und daß auch die sonstigen Kulturmöglichkeiten bessere sind. Die Niederungen, zu denen das Bergland sich gegen das Karibische Meer und den Mexicanischen Golf hin abdacht, sind an den meisten Orten stärker wellig, vor allem ist aber der Lehmboden noch mehr mit Sand gemischt, als weiter östlich. Die Befruchtung der tiefer gelegenen Thal- und Niederungsböden vollzieht sich aber durch die Überschwemmungen der Regenzeit, die alljährlich eine neue kalkhaltige Sedimentschicht herbeiführen, ähnlich wie man es von dem ägyptischen Nil her kennt.

In ihrem Urzustand ist in ausgesprochenerer Weise mit „Pinal" bestanden als die „Halbvuelta," ist diese wirkliche Vuelta Abajo nur durch die angegebenen natürlichen Vorbedingungen unter der Hand der eingedrungenen kleinen Pflanzer zur Stätte des berühmtesten Tabakbaues der Erde geworden, die die wahre Wonne der Raucher erzeugt. Zur künstlichen Zubereitung seiner Vega mit Phosphaten und anderen Düngmitteln wird der Bauer, der es mit dem feinen Dufte und dem hohen Rufe seines Blattes ernst und gewissenhaft nimmt, nicht greifen, sondern er wird die Strecken, die sich erschöpfen, lieber eine Reihe von Jahren zur Erholung brach liegen lassen und statt ihrer jungfräulichen Boden aufsuchen, auf dem das bloße

Abb. 89. Innerster Teil der Matanzabucht nebst Rundblick auf das Hügelland von Limonar.

Säen und Pflanzensetzen von seiner Seite genügt, und der Himmel der Vuelta Abajo die gesamte sonstige Fürsorge für die Ernte übernimmt. Natürlich wechselt der Ertrag und die Qualität des Erzeugnisses auf diese Weise sehr beträchtlich von Jahr zu Jahr, das ist aber bei dem Vuelta-Abajo-Tabak gerade so unvermeidlich wie bei dem Rheinweine. Die Hügelgehänge sind auch in der hier in Frage stehenden Gegend in ziemlich umfassender Weise mit in das Bereich der Kultur gezogen, im allgemeinen hat aber das „Lomablatt" nicht den Gehalt und das Aroma des in der Thalniederung gezogenen, und nur in besonders feuchten Jahren, wenn das letztere mißrät, kann es unter Umständen so wohl gedeihen, daß es die Stelle desselben einzunehmen vermag. Übrigens erschöpfen sich die Gehängevegas durch die Wasch- und Auslaugewirkung der warmen Regen selbstverständlich viel rascher als die Stromufervegas.

Daß die cubanische Tabakernte in der Vuelta Abajo so gut wie in den Bergländern von Santiago und Baracoa eine Winterernte ist und daß die verhältnismäßig strenge und anhaltende Trockenzeit der „wirklichen Vuelta" für die Tugenden ihres Krautes ebenso bedeutsam ist wie die Eigenart des Bodens und der Naturdüngung, dürfen wir als bekannt voraussetzen.

Auf der Halbinsel Guanahacabibes, dem merkwürdigen südwestlichen Anhängsel der Landschaft, sind die klimatischen Vorbedingungen des Tabakbaues annähernd die gleichen wie in der „wirklichen Vuelta", die Boden- und Bewässerungsverhältnisse sind aber andere, und nur die von zahlreichen Lagunen bedeckte Gegend, an der die Halbinsel mit dem Hauptlande verwachsen ist, enthält eine beträchtliche Zahl von Vegas, welche die den Lomatabaken verwandten Rematestabake (von dem Hauptorte) hervorbringen. Der größere Teil der Halbinsel ist von Mangrovesumpf und von vorwiegend kahler, oberflächlich arg zerrissener Korallenkalkfläche — sogenanntem Pedregal oder Seborucal — eingenommen, und außer dem Leuchtturm des sanddünenbesetzten niedrigen Kap San Antonio ermöglicht die letztere durch den spärlichen Weidewuchs, den sie neben Heiligendisteln, Opuntien, niedrigen Fächerpalmen und anderem Gestrüpp trägt, nur einigen kleinen Hatos ihr Dasein. In den großen Savannen, welche in der eigentlichen Vuelta den Übergang von den Tabakdistrikten zu dem Mangrovesumpfgürtel der Küste bilden, ist die Viehzucht dagegen ebenso hoch im Schwunge, wie in der Camaguey- und Cinco-Villas-Landschaft, und Ähnliches ist auch der Fall in dem westlichen Berg- und Hügellande.

Unter den geologischen Formationen, welche an dem Aufbau der Vuelta-Abajo-Landschaft beteiligt sind, steht natürlich immer wieder der tertiäre Kalkstein im Vordergrunde. In der ganzen Randgegend des Berglandes treten aber außer Diorit und Serpentin auch Bildungen der Kreidezeit, sowie vielleicht älterer mesozoischer Zeiten auf, und ganz im Westen, nördlich von Mantua liegt sogar ein ähnliches paläozoisches Gebiet wie bei Trinidad und Sancti-Spiritus. Sobald die Lagerungsverhältnisse dieser Formationen genauer untersucht sein werden, wird sich auch die Frage besser beantworten lassen, warum der tertiäre Stufenbau Cubas in der Vuelta Abajo so wohl erhalten geblieben ist, während er in der Vuelta Arriba sowie in den Las Villas und in dem Camaguey größtenteils zerstört wurde. Einstweilen wagen wir in dieser Beziehung nur darauf hinzuweisen, daß die betreffende Thatsache aller Wahrscheinlichkeit nach sowohl mit der veränderten Längsachseneinrichtung der Insel im Zusammenhange steht, als auch mit den vergleichsweise geringeren Niederschlagsmengen, die die Landschaft seit der Zeit ihres Emportauchens aus dem Meere empfangen hat. Als der ganze Stufenbau in der Vuelta Arriba noch erhalten war, bezugsweise als sich daselbst viel höhere Gebirge emportürmten, als heute, da lag die Vuelta Abajo natürlich in einem sehr bedeutenden Grade „in dem Regenschatten" derselben.

Einer starken Verdichtung der Bevölkerung und dem Gedeihen größerer Städte ist der dem Kleinbetriebe anheimgegebene Tabakbau beinahe ebensowenig günstig gewesen wie die Viehzucht, der Abbau der Kupfer-, Eisen- und Manganerzlagerstätten, die die erwähnten älteren Formationen enthalten, ist aber durch die politischen Wirren und die allgemeine Unsicherheit auf der

Die Mittelpunkte des Tabakbaues.

Insel niemals in hohen Schwung gekommen. Als die hauptsächlichsten Ortschaften des Inneren haben wir daher nur zu verzeichnen: Artemisa (5000 Einw.), das den Mittelpunkt einer wichtigen Zuckerrohrbau- und Viehzuchtgegend bildet und das als der stärkste Punkt der während der letzten Insurrektion von der spanischen Heeresleitung gezogenen „Trocha" von Mariel-Majana viel genannt und umkämpft wurde; Candelaria (1200 Einw.), das außer durch seinen vorzüglichen Kaffee auch durch seine Heilquellen namhaft ist; San Cristobal

die Osthälfte der Landschaft mit Habana in bequeme Verkehrsverbindung setzt.

Um die Zugänglichkeit der Vuelta Abajo von der Seeseite her ist es nur im Nordosten wohl bestellt. Dort sind die tiefen und weiten Buchten von Mariel, von Cabañas und von Bahia Honda der Habanabucht in einem hohen Grade ähnlich, und bei der zuerst und der zuletztgenannten ist nur die Einfahrt viel enger und schwieriger. Die Verbindung mit ihrem ferneren Hinterlande und namentlich mit den Haupttabakdistrikten sperren diesen Buchten aber

Abb. 80. Der Rio San Juan in Matanzas.

(3500 Einw.), den Hauptmarkt für den „Semi-Vuelta-Tabak; San Diego de los Baños (1200 Einw.), durch heiße Schwefelquellen berühmt und gleich Viñales (1000 Einw.) ein Hauptübergangspunkte über das höhere Gebirge; und Consolacion del Sur (3000 Einw.), an einem Zuflusse des Rio Hondo, Pinar del Rio (5500 Einw.), San Luis (1000 Einw.) und Guane (1000 Einw.), am Cuyaguateje, die Hauptmittelpunkte und Märkte des Vuelta-Abajo-Tabakbaues. Pinar del Rio ist gleichzeitig die Regierungshauptstadt der nach ihm benannten politischen Provinz, die den größten Teil der Vuelta-Abajo-Landschaft umfaßt, sowie auch der Endpunkt der Eisenbahn, welche

die beschriebenen hohen Gebirgsstufen, über die, abgesehen von der Fahrstraße zwischen Mariel und Guanajay, nur schlechte Reitwege führen. Der Ausfuhrhandel der betreffenden Orte Mariel (2000 Einw.), Cabañas (1200 Einw.) und Bahia Honda (2000 Einw.), beschränkt sich also auf die der Zucker- und Tabakproduktion der unmittelbar anstoßenden Küstengegend. Von der Cabañasbucht an begleitet die Küste dann ein Korallenriff — das sogenannte Coloradoriff —, und von der Bahiabucht an gesellen sich diesem Riff in der von ihm begrenzten Flachsee eine beträchtliche Zahl von Korallenkeys zu — der Cayo Ines de Sato, der Cayo Rapado,

Abb. 90. Straßenbild aus Matanzas.

der Cayo de Buenavista und andere. Die betreffende Flachsee ist zwar im allgemeinen genügend tief für die Schiffahrt (2—20 m), und das Riff sowie die Keys lassen eine Reihe von Durchfahrten offen, im allgemeinen liegen die Verhältnisse aber bei dieser Colorados-Key-Flur ebenso wie bei den anderen Fluren, und die Küstenstrecke gilt durch ihr Barriereriff mit gutem Grunde für die gefährlichste von ganz Cuba. Es sind also auch an ihr nur einige sehr unbedeutende Landungsplätze für den Küstenverkehr entstanden — Cayetano für die Kupfererzverladung des Bergbaureviers bei Viñales, Arroyos für die Tabak- und Rinderverschiffung von Mantua und Puerto Guadiana für die ähnlich beschaffene Ausfuhr von Guanes. An der Südseite der Vuelta Abajo liegt dann die gewaltigste der cubanischen Riff- und Keyfluren, die man Jardinillos- oder Pinosflur nennen kann. Dieselbe erstreckt sich aber ostwärts weit über das Küstengebiet der Vuelta Abajo hinaus, und wir widmen ihr daher eine kurze Besprechung erst in dem nachfolgenden Abschnitte. Hier betonen wir nur, daß die ganze Südküste der Vuelta Abajo durch diese Flur und die damit verbundene Seichtsee bloß für kleine Küstenfahrzeuge nahbar ist. Der einzige Punkt, der an ihr einen nennenswerten Seeverkehr — besonders nach Batabanó und Pinos — unterhält, ist demgemäß Coloma, das Hafendorf von Pinar del Rio, mit dem es durch eine verhältnismäßig gute Landstraße verbunden ist.

Der Außenverkehr der Vuelta Abajo ist nach diesen Ausführungen in noch viel zwingenderer Weise auf die Habanabai hingewiesen, als derjenige der Vuelta Arriba, und mit vollem Rechte benennt die Welt das kostbare Erzeugnis derselben also auch mit dem Namen „Habana".

XI.

Wer die Insel Pinos, die größte unter den zahllosen Nebeninseln Cubas (2100 qkm), von dem Karibischen Meere her erblickt — etwa auf einer Fahrt von Veracruz oder Progreso nach Cienfuegos —, dem stellt sich dieselbe anfangs nur in der Gestalt von drei Bergmassen dar, von denen jede für sich allein von den Wogen umspült zu sein scheint. Die am weitesten links stehende ist ein gewöhnlicher Brotlaibberg, bezugsweise ein an den Kanten abgeschliffener und abgestumpfter Tafelberg, der am weitesten rechts stehende ein schwach eingekerbter Sattelberg, und der mittlere, höchste, ein gekrümmter Rücken mit einer aufgesetzten scharfen Spitze — ein regelrechter „Pico" —, Bergformen, die uns aus Cuba zur Genüge vertraut sind, alle drei übrigens mit einem etwas steileren Abfalle gegen West. Man kann sich bei dem seltsamen Anblicke des Gedankens nicht erwehren, daß nur diese Höhen herum ein ausgedehntes Land ertrunken sein müsse.

Kommt man näher, so gesellt sich der Dreizahl der Berge eine Mehrzahl anderer, teils ferner liegender, teils niedrigerer, zu. Der Eindruck, als ob man nur die Gipfelteile eines im Meere versunkenen Berglandes vor sich habe, ändert sich aber auch dann nicht, und ebenso bleibt er in voller Stärke bestehen, wenn man endlich das niedrige und ebene koralline Vorland der Berge gewahr wird. Abgesehen von ein paar Zufluchtsstätten für sturmbedrohte Fischerboote und andere kleine Fahrzeuge, sowie von einem Nothafen für größere Schiffe unmittelbar an der Westspitze (Puerto Frances), ist ein Landen an der dem offenen Meere zugekehrten Südküste aber nicht möglich, denn obwohl man 5 km von derselben

über 1000 m lotet, so zieht sich ein gefährliches Korallenriff ihr entlang, und die ganze Südhälfte der Insel ist von ähnlicher Naturbeschaffenheit wie die Halbinsel Guanahacabibes, teils niedrige Sanddüne, teils Mangrovesumpf, teils bienenwabenartig zerfressene und zerrissene, kahle Korallenkalksternfläche. Eine vom Westen her eindringende lagunenartige Verlängerung der weiten Siguaneabucht, in der sich große Scharen von Krokodilen und Schildkröten ziemlich ungestört ihres Daseins freuen, trennt den Südteil überdies beinahe vollständig von dem Nordteile ab, und ein Sinken der verbindenden Landenge um weniger als 1 m würde hinreichen, zwei selbständige Inseln aus ihnen zu machen — einen großen südlichen Key von der Art des Cayo Romano und eine nördliche Berginsel. Wir können hierbei nicht unterlassen, darauf hinzuweisen, daß ein sehr geringfügiges Sinken der lagunenübersäten Niederung zwischen der Guadiana- und Cortezbai ebenso die Guanahacabibes-halbinsel als einen Key von der Vuelta Abajo abtrennen würde, wenn auch als einen verhältnismäßig hohen Key.

Wollten wir es versuchen, in einem flach gehenden Küstenfahrzeuge von Cienfuegos aus thunlichst gerade gegen Pinos

Abb. 91. Die Plaza von Matanzas.

vorzudringen, so würden wir uns von neuem in den Bahnen von Christoph Kolumbus befinden. Sehr wahrscheinlich würden wir aber in dem Meeresraume, der die Insel in dieser Richtung umgibt, auch ähnliche Erfahrungen sammeln, wie sie der Entdecker der Neuen Welt mit seinen kleinen Karavelen vierhundert Jahre vor uns (1494) sammelte. Das offene Fahrwasser mit seiner tiefblauen Farbe und seinen zu weißen Schaumköpfchen emporgetriebenen, bewegten Wellen, wäre rasch durchmessen. Hiernach würden wir uns aber allenthalben jenem Heere von zierlichen Astraen, Mäaandrinen, Poriten und Madreporen gegenüber sehen, das die Tausende von kleinen Nebeninseln Cubas sowie auch einen guten Teil von Pinos und Cuba selbst aufgebaut hat und das an dieser wie anderen Stellen noch rastlos am Werke ist. Und hätten wir glücklich eine Durchfahrt zwischen den Korallenriffen gefunden, so würden wir uns abermals in einem Meere befinden, das für gewöhnlich so ruhig und sanft ist, „wie der Strom von Sevilla", und wir würden angesichts des Mangrovenwuchses der darin liegenden Keys, in den sich hier und da Kohl- und Fächerpalmen (Oreodoxa oleracea und Thrinax argentea), sowie Opuntien und anderes Gebüsch beimischt, wohl mannigfaltige Veranlassung finden, uns geradeso wie Kolumbus schwärmerischer Naturbetrachtung hinzugeben und zu würdigen, wie treffend und feinsinnig derselbe die Korallen- und Key-Flur der großen Isabella zu Ehren Jardinillo de la Reyna — Gärtchen der Königin — nannte. An vielen Orten würde sich das Meer aber wunderlich entfärben — weiß, gelb, grün, braun, grau —, und auch das kleinste Schiffchen würde es nicht vermeiden können, wieder und wieder den Schlammgrund aufzuwühlen und wieder und wieder auf diesem Grunde festzusitzen. Bräche sodann, wie es in den Sommermonaten beinahe täglich der Fall ist, eine schlimme Gewitterböe oder wohl gar ein Orkan los, so wäre die Gefahr für das Fahrzeug innerhalb der angegebenen natürlichen Wogenbrecher sicherlich eine viel größere als außerhalb derselben. In jedem Falle hätten die Schiffsführer und die Schiffsmannschaft unsägliche Mühe und Anstrengung in dem Gewässer. Kolumbus und seine Begleiter hatten davon ein volles Maß zu genießen, ganz besonders auch von den Gewitterstürmen, da sie die Gegend im Frühsommer erreichten, sie arbeiteten

Abb. 92. Der Rio de San Antonio.

Abb. 93. Vega am Ariguanabofee.

sich aber bis Pinos, dessen Bergspitzen ihnen aus weiter Ferne entgegenwinkten, tapfer hindurch, und der Admiral nannte sie zum Dank gegenüber den Mächten, die ihn bis dahin hatten gelangen lassen, Evangelista. Als die See im Norden und Westen von Pinos aber weit und breit den gleichen Charakter bekundete wie im Osten und als das so ungeheuer in die Länge erstreckte Cuba auch dort noch kein Ende nahm — kaum eine gute Tagesfahrt vom Kap San Antonio, wenn das Meer ein offenes gewesen wäre —, da stand er von dem Bemühen ab, und er ließ nur noch von seinen Genossen urkundlich und unter hochnotpeinlichem Eide feststellen und bestätigen, daß Cuba keine Insel, sondern ein Teil von dem festländischen Asien sei. Man weiß, daß Kolumbus in diesem guten mittelalterlichen Glauben gestorben ist, niemand, der die Pinos-Key-Flur und die Pinosseichtsee in ihrer Tücke kennen gelernt hat, wird ihn aber feige oder kleinmütig dafür schelten, daß er die Fahrt in derselben nicht weiter fortsetzte. Ferdinand Cortez erlitt in derselben See westlich von Pinos traurigen Schiffbruch, und er rettete sein Leben dabei nur durch sein besonderes Glück.

Dank den genannten und anderen großen Bahnbrechern in der Neuen Welt, die die Spanier entsandt haben, und um deren Willen dieselben wohl ein besseres Geschick mit ihrem daselbst aufgerichteten Reiche verdient hätten, als es ihnen thatsächlich zu teil geworden ist, steht uns heute ein bequemerer und gefahrenfreierer Weg nach Pinos offen. Um auf ihm einher zu dampfen, müssen wir uns aber erst zurückbegeben nach Batabano oder nach Coloma, und weil die große Nebeninsel Cubas für den allgemeinen Verkehr nur von diesen Punkten aus erreichbar ist, so wundert es uns nicht, daß auch sie Habana in strenger Weise tributpflichtig ist, sowie sie politisch zu der Provinz Habana gerechnet wird. Ein Ausfurchen des Schlammgrundes kann der kleine Dampfer (von kaum 1,5 m Tiefgang) an verschiedenen Stellen auch auf diesen betretenen Pfaden nicht vermeiden, und es bedarf der ganzen Behutsamkeit und Vorsicht des ortskundigen Piloten, ihn langsam und sicher an den drohenden Gefahren vorüber zu führen.

Den Eindruck, als ob es aus einer Anzahl einzelner Inselberge bestände und als ob der zusammenhängende Sockel dieser Berge unter den Wellen gesucht werden

Abb. 91. Hauptstraße von San Antonio de los Baños.

müsse, macht Pinos auch von Norden aus. Von vornherein wird dieser Eindruck hier aber dadurch etwas verdunkelt und maskiert, daß die vorgelagerten Keys das Auge fesseln und abziehen, und später bemerkt man zu deutlich, daß ein gemeinsamer Unterbau der Berge allerdings auch über dem Meeresspiegel vorhanden ist. Als eine eng geschlossene Keygruppe liegen an diesen Wege besonders die Islas de Mangles (die „Mangroveinseln" schlechthin), die nur eine einzige Durchfahrt von mehr als 0,5 m Tiefe zwischen sich lassen und die zusammen mit der Cayos de Dios und der Cayos de los Indios einen eigentümlichen Inselgürtel um die ganze Nordhälfte von Pinos herum bilden, der von physikalisch-geographischem Standpunkte aus Beachtung verdient. Eine Hebung von weniger als 2 m würde die Mangle- und Dioskeys in landfeste Verbindung mit Pinos bringen, und dasselbe würde dadurch im Nordosten ein ähnliches halbinselartiges Anhängsel erhalten, wie es im Südwesten thatsächlich besitzt eine interessante geographische Homologie. Die Insel würde gewissermaßen zwei lange Arme in der Richtung auf die Vuelta Abajo ausstrecken. Fände aber eine weitere Hebung um 4 oder 5 m statt und nähme die ganze Pinos-Key-

Flur an der betreffenden Bewegung teil, so würden sich die beiden Arme nicht bloß zusammenschließen, sondern es würden in ihrer Verlängerung auch zwei andere, längere wachsen, und es würden durch diese neuen Arme in der Richtung auf das Kap Frances der Guanahacabibeshalbinsel und auf die Batabanolandenge landfeste Verbindungen zwischen Pinos und der Vuelta Abajo hergestellt werden. Überdies würde der gegen Norden gerichtete Arm einen Nebenarm bis zur Halbinsel der Cienaga de Zapata von sich abzweigen, und im Osten würde sich die Jardinillosbank einerseits an Pinos und andererseits (über die Cazones- oder Canarreos-Bank) an die Zapatahalbinsel anfügen. Pinos wäre also dann auch mit der Vuelta Arriba fest verwachsen, und was von der ganzen Pinossee übrigbliebe, wäre nichts als eine Anzahl seichter Lagunen — ein paar größere namentlich an der Stelle der heutigen Bronbucht und nördlich von den Cayos de San Felipe, d. i. in der Verlängerung des flachen Längsthales, in dem der Rio Gonzalo dem Matamanogolfe zufließt.

Den kleinen Schiffchen, welche die Pinossee durchfahren haben, bereitet das Einlaufen in die breiten und verhältnismäßig tiefen Mündungen des Rio de Casas, des

Rio de Malpais und des Rio de Santafé keinerlei Schwierigkeiten, und die Hauptorte von Pinos — Nueva Gerona (900 Einw.), Santa Rosalia und Santafé können auf die Weise bequem zu Wasser erreicht werden. Zur Entfaltung eines stärkeren Verkehrslebens haben diese Zugänge aber weder an den genannten Örtchen noch anderweit auf der Insel beigetragen, und die Landesprodukte, welche von ihnen aus verschifft werden, bestehen im wesentlichen nur aus geringfügigen Mengen von Vieh, Holz, Früchten und Marmor. Beherbergt doch die Insel insgesamt nur etwa 2000 Einwohner, während Guadeloupe auf einer annähernd ebenso großen Landsfläche deren 165 000 enthält. Man erkennt hieraus wohl ohne weiteres, daß man es auf Pinos mit dem hintersten Hinterlande Habanas zu thun hat, und daß die kolonisatorische Kraft Spaniens bei der Nutzbarmachung seiner Hilfsquellen in einem noch viel höheren Maße unzureichend gewesen ist, als an gewissen Stellen Cubas. Erfreute sich nicht die Heilkraft der heißen Alkaliquellen von Santafé eines hohen Rufes bei der cubanischen Bevölkerung und hätte die spanische Kolonialregierung Pinos nicht als Deportationsort — als eine Art cubanisches Sibirien, wenn auch mit sehr unsibirischem Klima — benutzt, so wäre seine Volkszahl wahrscheinlich eine noch geringere. Dabei ist die Fruchtbarkeit seiner Ebenen und Thäler ebenso groß als auf Cuba, und sowohl dem Tabak- und Zuckerbaue als auch der Fruchtkultur wären daselbst wohl ansehnliche Strecken zu gewinnen. Wird die neue Ära in dieser Beziehung einen günstigeren Einfluß auf das Wirtschaftsleben der Nebeninsel Cubas geltend machen als die alte? Und wird sie die schönen Kiefernbestände, von welchen die Insel ihren Namen hat, weise benutzen, ohne sie zu verwüsten? Daß die letzteren trotz allem, was wir über die Pinossee gesagt haben, leichter zugänglich sind, als in den Gebieten der Vuelta Abajo, kann man nicht bestreiten.

In einem höheren Grade als die wirtschaftsgeographischen Fähigkeiten von Pinos beanspruchen aber seine physikalisch-geographischen Eigentümlichkeiten unsere Aufmerksamkeit. In dieser Beziehung erhellt aus der oberflächlichsten Betrachtung ihrer palmen- und kiefernbestandenen Rot- und Schwarzerdebenen und ihrer ostwestlich streichenden Bergzüge eine sehr vollkommene Übereinstimmung mit Cuba. Die Bergzüge — die Sierra de Caballos (300 m) über Nueva Gerona, die Gruppe des Pico de la Daguila (413 m) über Santafé und die Sierra de la Cañada (464 m), gegen die Siguaneabucht hin — zeigen ganz ähnliche Gipfel- und Thalformen wie in der Vuelta Arriba und in der westlichen Vuelta Abajo, nur sind sie zum Teil beträchtlich höher, steilwandiger und malerischer, und durch ihre Gesteinszusammensetzung er-

Abb. 95. Guanajay.

Deckert, Cuba.

innern sie füglich am allermeisten an die Bergzüge von Trinidad und Sancti-Spiritus. Wie bei diesen so sind auch bei ihnen die älteren geologischen Formationen verhältnismäßig vollständig vertreten und man darf füglich schon bei der dermaligen lückenhaften Durchforschung von Pinos annehmen, daß dasselbe in seinem Nordteile ein außer Verband geratenes Stück von Alt-Cuba, d. i. von dem vortertiären Cuba sei. Daß es aber zugleich auch ein außer Verband geratenes Stück von Neu-Cuba — von dem spät-tertiären und nachtertiären Cuba — sei, und daß seine Trennung von der Hauptinsel, geologisch gesprochen, erst neuerdings erfolgt sein kann, bezeugt seine gesamte Organismenwelt, die sich in keinem wesentlichen Punkte von derjenigen der benachbarten cubanischen Landschaften unterscheidet. Nicht bloß das bunte Gemisch hochstämmiger Königspalmen, Kiefern, Mahagoni-, Cedrelen-, Ebenholz- und Kerbsbäume ist dasselbe wie dort, sondern auch das Gewirr der Lianen, der Wuchs der Farne und Orchideen u. s. w., und nicht minder sind es dieselben Hutias, Iguanas, Schlangen, Krokodile, Insekten und Mollusken wie dort, die in den schönen Wäldern ihr Wesen treiben.

Eröffnet sich damit aber nicht für uns auf Pinos eine Art physisch-geographischer Rückblick auf Cuba und seine kleineren und größeren Nebeninseln? Wenn Pinos noch vor kurzem fest mit der Hauptinsel verbunden war, so versteht es sich von selbst, daß dies auch der Fall war mit den sämtlichen Hauptkeys der Pinossee. Wenn es aber die Keys der Pinossee waren, wie sollte es anders gewesen sein mit den Keys der Laberintoflur, mit denen der Romanoflur und mit denen der Coloradosflur, bei denen die morphologischen und geologischen Verhältnisse durchaus ähnlich lagen? Derselbe Korallenkalkstein jungen (tertären und quartären) Alters setzt die Inselchen zusammen, die größeren ragen zum Teil zu ansehnlichen Höhen auf, und daß der Schichtenbau ihres Untergrundes mit demjenigen der Hauptinsel zusammenhängt, läßt sich aus den darauf zu Tage tretenden Süßwasserquellen schließen.

Ganz so lazertenhaft schmächtig und graziös, wie er heute auf der Karte erscheint, war also der Inselkörper Cubas bei seinem Auftauchen auf dem Tertiärmeere aller Wahrscheinlichkeit nach nicht, und sowohl seine allgemeine Gliederung durch die beschriebenen Randmeere und Golfe, als auch seinen großartigen Reichtum an Naturhäfen und seine Umgürtung mit dem vielgliederigen Kranze von Nebeninseln erhielt derselbe erst durch nachfolgende Einbrüche und Senkungen.

Der ungeheure Grabeneinbruch der Bartletttiefe, der sich von der Windwarddurchfahrt zum innersten Winkel der Hondurasbai zieht, und der sich unter häufigen Erd- und Seebodenerschütterungen noch beständig erweitert und vertieft, zog die ganze Südostküste in starke Mitleidenschaft. Ähnliches bewirkt in etwas abgeschwächtem Maße auch der Einbruch der Yucatantiefe betreffs der Südküste in der Gegend von Cienfuegos und Trinidad, derjenige des Mexicanischen Golfes betreffs der Nordwestküste und derjenige des Alten Bahamatanales betreffs der Nordostküste. In der Gegend der vier großen Korallenkeysfluren war die Senkung dagegen in der unmittelbaren Nachbarschaft der Hauptinsel nur eine geringfügige. Weitaus am besten zugänglich für den Verkehr von außen sind aber die Küstenstrecken von der zuerst angegebenen Art.

Daß alle die angegebenen tiefen Graben einbrüche in ihrer ganzen Ausdehnung jungen geologischen Alters sind und daß Cuba sowohl in der mesozoischen Zeit als auch in der späteren Tertiärzeit in fester Verbindung mit Jamaica, Haiti, Puertorico und den Jungferninseln gestanden hat, ist wahrscheinlich. Ebenso spricht auch mancherlei dafür, daß die Bahamainseln und Südflorida sowie Yukatan und Honduras seiner Zeit damit verwachsen gewesen sind. Mit Sicherheit läßt sich in dieser Beziehung aber nichts behaupten, und ein haltbares Gebäude von Schlußfolgerungen hinsichtlich der Entstehungsgeschichte der Insel sowie hinsichtlich ihrer natürlichen Beziehungen zu den Nachbarinseln und zu den Nachbarerdteilen wird sich erst aufbauen lassen, wenn ihre Durchforschung sowie die Durchforschung von Haiti und Puertorico weitere Fortschritte gemacht haben wird. Von der neuen Ära, welche über Cuba hereingebrochen ist, wird man vielleicht in dieser Hinsicht am ehesten eine wirkliche Wendung zum Besseren erwarten dürfen.

Abb. 96. In der Sierra de los Organos.

Erwägen wir die Aussichten für die Zukunft der schönen Insel Cuba, so müssen wir die politischen Verhältnisse und die Verwaltung erst gefestigt wissen, da erst dann eine wirksame Wiedergeburt auf wirtschaftlichem Gebiete erfolgen kann. Cuba ist ein altbesiedeltes Land, wo der größte Teil des Bodens in festen Händen ruht, so daß eine Zuwanderung im großen ausgeschlossen ist, wenn auch zugegeben werden muß, daß das Land eine um vieles zahlreichere Bevölkerung zu ernähren vermöchte, als dies heute der Fall ist. Hierzu kommen auch noch die oben erwähnten ungünstigen Einwirkungen des Klimas. Aber die Erweiterung des Landbaues könnte ge-

8*

fördert werden einerseits durch weitere Trennung von Anbau und Fabrikation, anderseits durch Anlage von kleineren Farmen; diese hätten gewissermaßen einen Übergang zu bilden von den jetzigen Riesenfarmen zu den elenden halbverfallenen Ranchos. Vieles würde auch gebessert werden durch eine allmähliche Umwandelung des Pächters zum selbständigen Grundbesitzer, was die Schaffung eines thätigen Mittelstandes bedeuten würde. Dazu würde noch eine genaue Aufnahme des Bodens und im Zusammenhange eine richtigere und gerechtere Festlegung der Besteuerungsverhältnisse kommen. Zur weiteren Erschließung gehört aber auch das Einströmen von Kapital zur Errichtung großer öffentlicher Unternehmungen, zum Ausbau der Eisenbahnen und der Straßen, zur Verbesserung bestehender Landkulturen und Fabrikbetriebe. Mit der thätigeren Anteilnahme der Vereinigten Staaten am Geschicke Cubas werden die zuletzt genannten Punkte hoffentlich in allernächster Zeit ihre Verwirklichung finden.

Statistische Übersicht.

Übersicht der politischen Provinzen Cubas nach Flächeninhalt, Volkszahl und Wirtschaftsverhältnissen.

	qkm	Einwohnerzahl 1887	Einw. auf 1 qkm	Ingenios 1890	Tabakvegas 1890	Kaffeegärten 1890
1. Pinar del Rio	14510	225891	15,6	71	5411	33
2. Habana	8345	451928	54,1	156	2	22
3. Matanzas	8225	259578	31,7	467	—	3
4. Santa Clara	22380	354122	15,8	332	816	46
Westcuba insgesamt . . .	53460	1,291519	24,1	1026	6229	104
5. Puerto Principe . . .	31345	67789	2,2	5	—	—
6. Santiago	34028	272379	8	88	2256	84
Ostcuba insgesamt . .	65373	340168	5,2	93	2256	84
Die ganze Insel	118833	1,631687	13,7	1119	8485	188

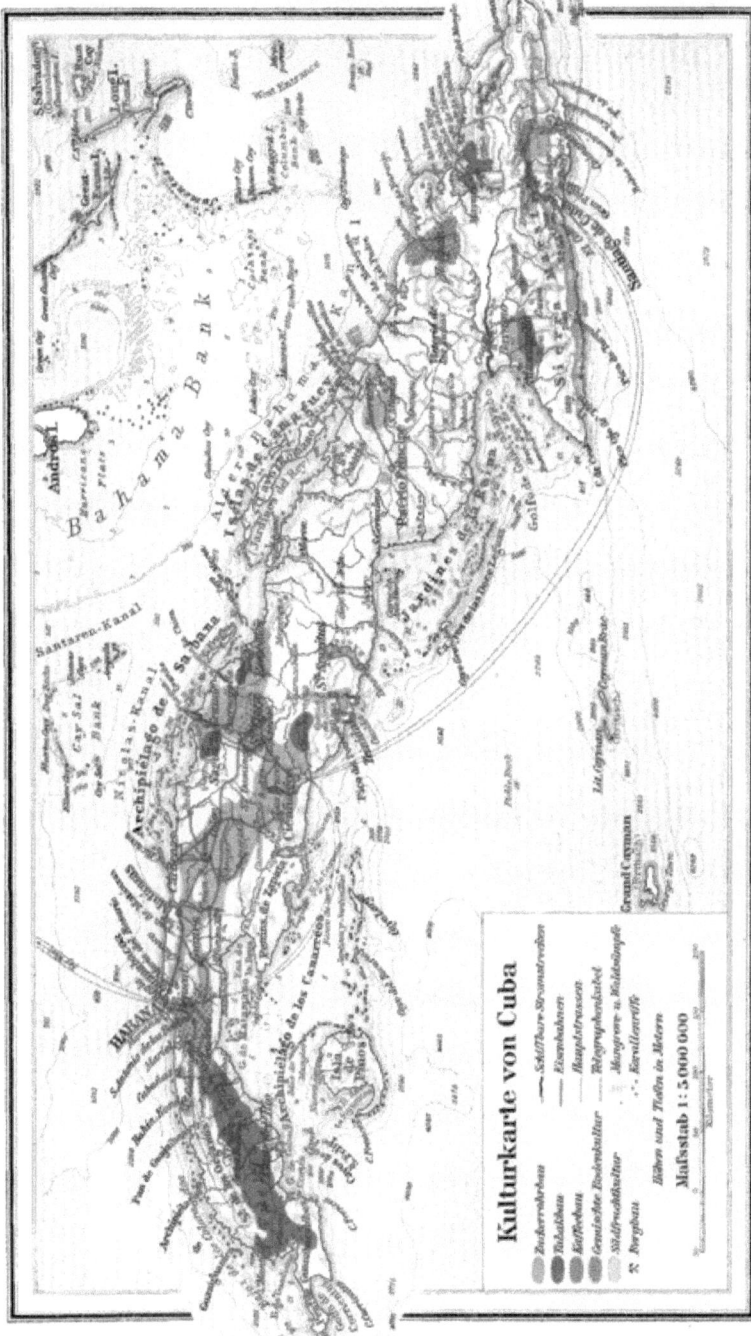